The Blue Book on the Development of
Service-oriented Manufacturing in China(2016-2017)

# 2016-2017年
# 中国服务型制造发展
## 蓝皮书

中国电子信息产业发展研究院　编著

主　编／王　鹏

副主编／郑长征

人民出版社

责任编辑：邵永忠
封面设计：黄桂月
责任校对：吕　飞

**图书在版编目（CIP）数据**

2016—2017年中国服务型制造发展蓝皮书／中国电子信息产业发展研究院 编著；
王鹏 主编．—北京：人民出版社，2017.12
ISBN 978－7－01－018792－1

Ⅰ.①2… Ⅱ.①中… ②王… Ⅲ.①制造工业—服务经济—研究报告—中国—
2016－2017 Ⅳ.①F426.4

中国版本图书馆 CIP 数据核字（2017）第 323791 号

**2016—2017 年中国服务型制造发展蓝皮书**

2016 – 2017NIAN ZHONGGUO FUWUXIING ZHIZAO FAZHAN LANPISHU

中国电子信息产业发展研究院 编著

王　鹏 主编

人 民 出 版 社 出版发行

（100706　北京市东城区隆福寺街 99 号）

三河市钰丰印装有限公司印刷　新华书店经销

2017 年 12 月第 1 版　2017 年 12 月北京第 1 次印刷
开本：710 毫米×1000 毫米 1/16　印张：12.5
字数：200 千字

ISBN 978－7－01－018792－1　定价：58.00 元

邮购地址　100706　北京市东城区隆福寺街 99 号
人民东方图书销售中心　电话（010）65250042　65289539

# 前　言

2016 年是"十三五"的开局之年。国际经济和政治形势复杂多变，为全球经济的复苏带来诸多不确定因素。我国经济增速经历了近几年的下降后，主要经济指标在 2016 年呈现出缓中趋稳、稳中向好的发展势头。为了切实提高经济发展的质量和效益，增强可持续发展的能力，消除经济增速回落带来的风险，我国全面推进供给侧结构性改革，以"去产能、去库存、去杠杆、降成本、补短板"五大重点任务为抓手，扎实推动经济转型升级和发展方式转变。2016 年，围绕五大重点任务，以制造业为主体的产业结构调整取得重大进展，为全面完成"十三五"各项目标奠定了坚实基础。

第一，坚决压减过剩产能，淘汰落后产能，重点行业的"去产能"成效显著。全年退出炼钢产能超过 6500 万吨、煤炭产能超过 2.9 亿吨，实现了钢铁和煤炭行业的供需基本平衡。此外，在火力发电、焦炭、电石、电解铝、铜、水泥、平板玻璃、造纸、制革、印染、铅蓄电池等行业，考核完成"十二五"淘汰落后产能目标，有效推动了工业节能减排。

第二，通过控制新增产能，拉动投资和促进消费，库存积压行业成功实现了"去库存"。加快实施"一带一路"倡议，实施京津冀协同发展战略，高速铁路、高速公路、城市管网与轨道交通、电力输配和通信网络设备等重大基础设施投资规模稳中有增；房地产市场按照"因城施策"的调控原则，有序化解了大量库存，新开工住房面积由 2015 年的负增长转为正增长；在自主品牌轿车、新能源汽车强劲增长带动下，汽车产销较 2015 年增长 14% 左右。投资和消费需求增长，促使钢材、有色金属、化工原料和建材库存大幅下降，工业生产者价格指数由跌转升。

第三，以国企改革、兼并重组和资本市场建设为突破口，制造业企业"去杠杆"初见成效。在主营业务为制造业的中央企业当中，中粮与中纺、宝钢与武钢、五矿与中冶、中国建材与中材集团分别实施合并重组，部分央企集团探索转型为国有资本投资运营平台，明确各板块主体业务，压减管理层级，清理退出下属"僵尸企业"。在资本市场方面，监管力度显著增强，杠杆融资风险得到有效控制，主板市场融资和交易保持稳定。"新三板"挂牌企业总数突破万家，其中制造业企业占半数以上。一批中小型制造业企业成功挂牌，缓解了"融资难"的局面。

第四，通过降低生产要素成本、财务成本、税费及其他综合成本，有效降低制造业企业成本，确保制造业企业持续稳定发展。由于部分制造门类向中西部地区和海外转移，沿海地区工业用地和劳动力紧缺有所缓解，成本上升压力得到控制。金融市场长期、中短期利率稳中有降，"营改增"全面实施，各地各部门简化行政审批程序，企业负担进一步减轻。

第五，制造业自主研发创新能力进一步提高，"补短板"取得阶段性成果。在航空发动机、商用大飞机、深海潜航器、智能手机芯片、新型金属和非金属材料等关键领域，取得了重大技术突破或产业应用进展。通过加强国际合作，我国在智能制造、工业设计、质量控制、品牌建设等工业软实力环节，与发达国家差距进一步缩小。

2017年，围绕《中国制造2025》和建设制造强国、网络强国战略，我国将继续加快产业政策创新转型，进一步转变产业政策作用领域，优化产业政策作用方式，建立市场化、法治化工作机制，以淘汰落后、兼并重组推动化解产能过剩，以培育制造业单项冠军、引导管理创新促进企业做精做优，以引导长江经济带、京津冀产业转移持续优化产业布局，以发展服务型制造和生产性服务业加快制造、服务协同发展，从而实现产业政策精准发力，加快新旧发展动能转换，推动产业迈向中高端。

一是依法依规淘汰落后产能，多措并举优化产业结构。按照企业主体、政府推动、市场引导、依法处置的原则，按照《关于利用综合标准依法依规推动落后产能退出的指导意见》，构建多部门、多渠道、多标准协同工作格局。严格控制过剩行业新增产能，指导各地做好建设项目产能置换方案，加强监督检查。按照积极稳妥降低企业杠杆率工作联席会议制度的统一部署，配合牵头部门，积极组织推进制造业企业降杠杆工作。

二是推动产业重组升级，营造公平竞争环境。进一步发挥企业兼并重组部际协调机制作用，配合相关部门抓好税收、金融、职工安置等重点配套政策措施的贯彻落实和督促检查。认真组织工业和信息化领域反垄断审查工作，努力为行业发展营造公平竞争的市场环境。

三是引导产业有序转移，持续优化产业布局。加强产业政策同国家有关规划的衔接，持续推动京津冀产业转移和协同发展。研究制定长江经济带产业转移指南和产业发展市场准入负面清单，促进各省市形成产业特色鲜明、集聚效应显著、空间布局合理、产业链有机衔接的产业发展格局。推进产业转移合作示范园区建设，探索园区合作共建新模式。

四是发展服务型制造和生产性服务业，营造融合发展生态。充分发挥服务型制造联盟的作用，继续开展"服务型制造万里行"活动，召开首届中国服务型制造大会。开展服务型制造示范遴选和经验推广，遴选服务型制造示范企业30家、示范项目60个、示范平台30个。继续做好国家级工业设计中心认定和复核工作，新认定30余家，总数达100家左右。积极开展优秀工业设计作品展示，推动优秀工业设计成果实现产业化。利用"世界工业设计大会"影响加快工业设计领域国际交流合作，推进国家工业设计研究院筹建准备工作。开展发展生产性服务业相关课题研究，持续优化生产性服务业发展环境。

五是引导企业创新管理、提质增效，提升企业竞争能力。组织开展企业管理创新总结推广活动，总结提炼和选择一批示范成果通过多种形式予以推广。组织"向企业送管理"活动，联合有关中介组织、咨询机构、专家等，对企业现场指导和管理诊断。选择重点行业，研究建立企业提质增效评价指标体系，指导行业协会和地方组织对标专项行动。会同国资委指导中国企业联合会召开全国企业管理创新大会。

六是创新产业政策思路，落实深化改革要求。围绕"产业政策要准"的要求，组织开展新时期发挥产业政策作用课题研究。着力建立市场化、法治化工作机制，推动道路机动车辆生产管理条例立法等工作。研究跨领域政策组合问题，加强系统内外的协调沟通配合。研究建立产业政策执行情况监督、评估机制，推动产业政策改进和完善。组织开展政策文件公平竞争审查，有序开展存量政策文件清理。进一步发挥行业协会作用，完善政府委托协会工作机制，形成工业和信息化工作的重要支撑力量。

在我国产业结构调整的战略任务中，2017年是巩固已有成果、继续攻坚克难的关键一年，需要对前一阶段工作进行系统的总结回顾，并充分借鉴发达工业国家的成功做法，提炼我国各级政府部门在产业政策探索中的有益经验，提出下一阶段的新思路、新举措、新方式。《2016—2017年中国服务型制造发展蓝皮书》是2017年度《工业和信息化发展系列蓝皮书》的重要部分。本书分别从发展创新设计、优化供应链管理、实施产品全生命周期管理、提供系统解决方案、网络化协同制造、智能服务等方面，并从区域的角度，详细分析了2016年我国服务型制造发展的基本情况、实施路径，提出了相应的政策建议，并对2017年的工作进行展望和研判。希望本书的出版能够对各级政府部门贯彻落实国家产业政策、制定具体措施方案提供指导和帮助，对产业政策领域的学术研究、管理实践有所助益。

工业和信息化部产业政策司司长

许科敏

# 目　　录

## 综　述　篇

## 领　域　篇

## 区 域 篇

## 案　例　篇

# 综述篇

# 第一章　我国服务型制造发展概况

推动生产型制造向服务型制造转变，是我国制造业提质增效、转型升级的内在要求，也是推进工业供给侧结构性改革的重要途径。习近平总书记和李克强总理多次提出要按照"高端化、智能化、绿色化、服务化"的方向推进制造强国建设。2016 年 7 月，工业和信息化部会同国家发改委、中国工程院共同印发了《发展服务型制造专项行动指南》，成为《中国制造 2025》"1＋X"体系第一个公开发布的配套文件。此后，"服务型制造"更是得到了全社会的普遍关注，成为中国特色社会主义进入新时代的背景下推动制造业发展的又一重要力量。

## 第一节　我国服务型制造发展现状

### 一、创新设计能力进一步增强

#### （一）制造业与服务业基础进一步巩固

2016 年国内生产总值 744127 亿元，比上年增长 6.7%。其中，第二产业增加值 296236 亿元，增长 6.1%；第二产业增加值占国内生产总值的比重为 39.8%，第三产业增加值比重为 51.6%，比上年提高 1.4 个百分点。制造业的快速发展为国民经济的快速稳定发展提供了有力支撑。全年人均国内生产总值 53980 元，比上年增长 6.1%。全年国民总收入 742352 亿元，比上年增长 6.9%。①

———————————

① 资料来源：国家统计局。

## （二）全国工业设计取得了快速发展

根据中国工业设计协会数据，五年来，全国设计服务收入约 3560 亿元，年增长率在 11%；设计成果转化产值达到 21 万亿元，年增长率高达 25%；截至 2016 年底，建有工业设计中心的制造企业超过 6000 家，规模以上工业设计专业公司约 8000 家，设计创意类园区突破 1000 家，全国设计类奖项赛事约 110 余项。从规模上看，我国工业设计发展水平已经位于世界领先梯队，并处于不断向领先水平突破的临界点。

## 二、产业协同发展水平不断提高

### （一）服务外包产业整体实力显著提升

一是产业规模快速增长，价值链不断向高端延伸。2016 年我国承接离岸外包执行金额 4884.5 亿元，相当于 2011 年的 2.95 倍，年均增长达 24.2%；其中信息技术外包、业务流程外包、知识流程外包执行额占比分别为 46.9%、16.6% 和 36.5%。研发、设计、咨询和创意等知识流程外包后来居上，已经成为增长的主要驱动力；金融服务、人力资源和呼叫中心等业务流程外包服务领域也日益丰富。二是企业实力不断提升，吸纳就业能力增强。截至 2016 年，我国服务外包企业达 3.9 万家，企业认证数量累计 1.6 万个，其中 13 项国际认证 1.04 万个。2015 年服务外包执行金额超 1 亿美元的企业达 126 家，离岸执行金额超 1 亿美元的企业达 86 家。外包企业已经成为解决国内高端人才就业、提升人才素质的主要渠道。截至 2016 年全行业从业人员 855.7 万人，其中大学就业 551.3 万人，相当于 2011 年的 2.5 倍，占比 64.4%；累计培训就业人数 216 万人。三是市场多元化布局逐步形成，"一带一路"沿线国家成为增长亮点。我国承接国际外包从美日欧传统市场已经拓展到东南亚、大洋洲、中东、拉美和非洲等近 200 个国家和地区，尤其是"一带一路"建设有力拓展了发展中国家市场空间。2016 年我国承接美国、欧盟、日本和中国香港四大传统市场服务外包执行额合计 3085.9 亿元，占比 63.2%，承接"一带一路"沿线国家服务外包执行额 841 亿元，同比增长 6.6%。四是示范城市引领作用突出，服务外包园区集聚能力日益增强。我国已经形成以示范城市为主体、以园区为载体的服务外包产业格局。2016 年 31 个示范城市完成服务外包执行额 6931.5 亿元，占全国总量的 93.9%；其中离岸外包执行额 4563.7 亿元，占全国总量的 93.4%。五是东部地区辐射带动能力提升，推动了中西部开放型经济发展。服务外包产业主要集中在东部地区，2016 年东、中、西部服务外包执行额分别占比为 87%、8.4% 和 4.6%。

### （二）系统解决方案水平不断提高

在航空航天装备、电子信息、重大装备、电力设备等领域，总集成总承包业务发展不断成熟，对于改进产品质量、提升效能、节约成本起到了重大的促进作用。如中国商飞公司面对研制过程的困难，建立了公司群策群力工作方案和管理办法，以总装制造中心为试点，深入开展群策群力活动，把群众的"金点子"转化为解决问题的"金钥匙"。413 个班组共提出改进提案 11425 条，解决了诸多工程研制中的问题，取得了 C919 飞机线缆安装一次通过率由原来的 37% 提升至 81%、全机导通时间从 30 天缩短至 10 天、ARJ21 机头线束减重 3.6 公斤、飞机缝翼防冰管更换成本下降 400 万元等良好成效，有力地推动了型号研制工作。[①]

## 三、新模式新业态加速涌现

分享经济发展更加成熟和普及。被称为中国"新四大发明"之一的共享单车在国内迅速发展起来。据有关数据显示，2015 年至 2016 年，共享单车市场整体用户数量实现了从 245 万到 1886 万巨大增幅。[②] 在 2017 年第二季度中，共享单车的日活动量和出行用车持平，日峰值达到 1700 万次。2017 年 6 月，共享单车日骑行次数峰值近 1800 万次。在覆盖率方面，截至 2017 年 6 月，一线城市共享单车覆盖率达 8.04%。[③]

## 四、功能载体支撑能力有效拓展

按照《发展服务型制造专项行动指南》的部署，工业和信息化部组织开

① 资料来源：工业和信息化部网站。
② 资料来源：比达咨询。
③ 资料来源：Trustdata。

展了 2017 年服务型制造示范遴选工作。经过专家评审、征求部内各相关司局及有关行业协会意见、上网公示等环节，最终公布了服务型制造示范企业 30 家、项目 60 个、平台 30 家。按照文件中明确的"5155"的行动目标，一些潜在的制造企业、项目和平台将会在未来的一段时间得到充分挖掘。这些企业、项目和平台代表着我国制造业企业服务化转型的最新成果，也是下一步开展示范推广工作的主要力量。

# 第二节　我国服务型制造存在的问题

## 一、我国制造业供给质量有待提升

从制造业产业结构看，制造业产业结构高级化程度不够。一项实证研究表明，中国 22 个制造业行业中，处于全球价值链低端锁定状态的行业达到 12 个，而在全球价值链中居高端的行业只有 3 个；产业融合能力还有待加强，工业化和信息化的深度融合水平、制造业和服务业的融合水平还需要进一步提升；从产业技术能力看，"工业四基"能力还有待提升，2015 年芯片进口额高达 2307 亿美元，是原油进口额的 1.7 倍。

从制造业产业组织结构看，制造业产业组织合理化程度有待提升，存在相当数量"僵尸企业"，优质企业数量不够，尤其是世界一流制造企业还很少。一份基于 2011—2015 年的数据实证研究表明，从属于"黑色金属冶炼及压延加工业"的 38 家上市公司中随机选取了 17 家上市公司，其中僵尸企业 8 家、僵尸性企业 6 家、非僵尸企业 3 家。

从制造业产品结构看，产品档次偏低，标准水平和可靠性不高，高品质、个性化、高复杂性、高附加值的产品的供给能力不足，高端品牌培育不够。中国出口商品已连续多年居于欧盟、美国通报召回之首。根据世界品牌实验室公布的 2016 年世界品牌 500 强名单，中国入选品牌 36 个，仅占 7%，而美国则占据其中的 227 席。在全球知名品牌咨询公司 Interbrand 发布的 2016 年度"全球最具价值 100 大品牌"排行榜中，中国制造业产品品牌只占有 2 席。

## 二、制造业企业开展服务型制造的主动性不高

制造业企业发展服务型制造，推动服务化转型，涉及企业的战略规划、经营管理、资源配置等多方面因素，不仅需要大量的资金与人力资源支持，还缺少可供遵循的固定模式和路径，而且也面临着市场、技术和经营等不确定风险。从相关信息汇总情况看，人才、市场、资金成为制约企业发展服务型制造较为重要的因素。不少大中型企业缺乏足够动力开展服务型制造，而拥有人才和专业优势的一些企业服务部门和第三方服务机构，往往规模较小、资源较少，很难为大型制造企业提供系统化、一站式的专业服务。

## 三、政府层面尚缺有力举措支持和促进发展

国家层面上，虽然出台了《发展服务型制造专项行动指南》等一系列支持发展政策措施，但在政府引导和支持方面仍亟待加强。在引导政策上，从国家到地方均缺乏有效的支持手段，特别是缺乏专项扶持资金或产业引导基金，以支持先发企业加快实施服务型制造项目，并平抑服务化转型风险；同时也难以支持服务型制造的公共服务平台建设、标准制定和人才培养。另外，服务型制造尚缺统一标准和口径，也在一定程度上制约了服务型制造的发展。在涉企政策上，制造业企业内部的服务活动无法按照服务业计算增值税，服务外包存在着重复计税的行业乱象；在进入总承包和相关金融服务等领域方面，存在资质管理等问题；在供应链、总集成总承包、合同管理、再制造、资产处置等领域因缺乏相应的规范和标准，导致难以测算价值和履行合约。

## 四、专业化服务的平台网络有待进一步建设

服务型制造的重要方向是深化产业链上下游相关企业的合作关系，需求公共服务平台正在集中采购、产业协同、平台营销、技术支持和服务集成等方面，提供专业高效的中介服务。而目前针对服务化转型公共服务供给能力还较为薄弱，特别是尚未形成有效的制造与服务融合发展的支撑体系。

# 第三节　我国服务型制造发展的主要特点

## 一、发展基础稳

发展服务型制造所需的科技创新能力正不断增强。党的十八大以来，以习近平同志为核心的党中央全面实施创新驱动发展战略，我国研发投入明显加大，原始创新能力不断提升，科技产出成果丰硕，企业创新活力竞相迸发，科技创新为经济保持中高速增长、迈向中高端水平提供了强有力支撑。2015年全国研发经费投入总量为 1.4 万亿元，比 2012 年增长 38.1%，年均增长 11.4%；按汇率折算，我国研发经费继 2010 年超过德国之后，2013 年又超过日本，目前我国已成为仅次于美国的世界第二大研发经费投入国家。2015 年我国研发经费投入强度（研发经费与 GDP 之比）为 2.10%，比 2012 年提高 0.17 个百分点，已达到中等发达国家水平，居发展中国家前列。我国研发经费投入水平的提高为科技创新实现"并跑"和"领跑"创造了有利条件。①

## 二、成长速度快

大型骨干制造企业为发展服务型制造进行了多种有意义的探索和尝试。以华为、中兴、广汽、美的、格力为代表的先进企业，成为全球电子信息汽车、家电行业的龙头，为提升企业竞争力，部分行业企业开始由生产型向服务型转型，加大服务的中间投资，并为产品端切入了更多的服务内容。借互联网东风的一些共享平台公司也在服务型制造领域崭露头角，如迅速席卷全国的共享单车，以公里数来跟随时起意的骑行者计价，不仅激活了互联网的巨量潜在用户，也带来了传统自行车制造产业的难得的春天。

---

① 资料来源：国家统计局。

### 三、新兴模式多

在国家"大众创业、万众创新"战略的驱动下，借助互联网、云计算、大数据等新一代信息技术，线上线下的新兴模式、商业模式、管理模式、新兴平台等加速涌现。线上线下 O2O 服务、供应链专业服务、共享经济、行业创新云平台、网络化协同制造等迅速发展起来，如金融租赁公司、融资租赁公司、租赁产业基金等在国内陆续出现并蓬勃发展，带动大型设备、公用设施、生产性等领域的设备租赁和融资租赁服务快速发展。

### 四、协同能力强

制造业与互联网的融合发展，为发展服务型制造提供了极大的便利，制造企业加速推进工业互联网、云计算、大数据、物联网等技术，实现了个性化定制和大规模的制造，同时也实现了生产、流通各环节的网络化协同机制。随着产业的互联互通这一趋势的明显加快，以用户为中心，各方基于不同的市场目标结成利益共同体，正形成一个共同为客户服务的价值网络和创新链。

## 第四节　我国服务型制造的发展趋势

### 一、产业结构进一步优化

国民经济的健康增长并不是一味地强调制造业比重降低以及服务业比重的提高。未来制造业仍是国民经济的主要支撑力量。制造业要不断转型升级，朝着绿色化、高端化、智能化的方向发展，相应的服务业也应朝向高端、全面、精细的方向来发展。随着科技进步和生产水平的进一步跃升，制造与服务的协同能力不断增加，最终将趋向于与当时生产力水平相适应的比例结构。也就意味着产业结构将得到进一步优化。

## 二、制造与服务融合的趋势更加明显

随着工业化进程的深入推进，制造与服务的融合已经成为现代产业发展的潮流趋势，也是推动全球产业升级的重要驱动力量。这种融合互动、协同共生的形态，不断催生新模式和新业态。一方面是服务业向制造业深入渗透。物流、研发、金融、信息等服务部门均以制造业为主要市场，不断丰富为制造业服务的内容，提升服务水平。另一方面，制造业不断向服务经济转型，在工业品的附加值构成中，制造加工环节占比越来越低，而研发、设计、物流等服务占比越来越高，许多制造企业依靠服务实现制造价值增值。

## 三、服务与产品的双向流动更趋频繁

服务型制造表现出的制造与服务相融合的内在属性，成为制造和服务互为辅助、相互助推的原生动力。一方面，研发设计、运营维护等价值链前后两端环节的投入和产出在整个生产制造环节的比重不断增加，促使服务质量有效改善，服务水平不断提升，提供服务种类趋向多元化。生产性服务业和生活性服务业的载体功能都得到了发挥。另一方面，个性化的需求催生了个性化柔性化的服务，而这些服务又反过来要求有更高端的制造能力以及个性化的产品与之相适应，加之新的科技革命和产业变革的加速度，制造业转型升级的步伐将会变得更快。我国未来的工业化将在相当长时期内保持这种制造业和生产性服务业相互增强发展的局面。

## 四、以智能制造为先导的产业融合成为突出特征

智能制造依靠数据、软件等核心要素投入、以工业互联网为支撑、以电子商务为平台促进了信息与实体的融合，加快了信息技术对传统产业改造，进一步推动了制造业与服务业的融合，三次产业界限日趋模糊，三次产业在融合发展逐步实现转型升级，形成具有更高生产率的现代产业体系。

## 五、生态服务系统替代制造单品成为主流趋势

当产品成为一个系统的组成部分后，更激烈的竞争将会发生在系统与系

统之间。企业竞争焦点将由硬产品向软系统，需要基于智能产品打造更丰富多样化的生态服务系统。早在 2009 年，苹果对外发布年报称，"公司的竞争力来自提供能够整合硬件（MacPc、iPhone and iPod）、软件（iTunes）、数字内容和应用的分发渠道（iTunes Store，iTunes Wi－Fi Music Store，App Store）的创新性的解决方案"。这一先知先觉的战略，使得苹果的软件生态系统在真正影响和掌控用户的选择。而现在这一趋势，已经成为众多企业战略，如施乐从打印设备转型为文件管理专家，通用汽车提供安吉星服务系统，普天电动汽车智能管理平台等。

## 六、大中小型企业共同迈向价值链高端

服务型制造的发展不仅有赖于大中型企业向高端化发展而衍生的内部专业化分工需求，同样也需要小微企业通过创新优化生产组织形式、运营管理方式和商业发展模式，增加服务要素在投入和产出中的比重，实现企业自身向价值链中高端迈进。如企业的工业设计中心或独立的工业设计企业，围绕制造产品开展服务设计的过程中实现企业自身价值，通过产品的外观、结构、功能上的差异化表现出自身的品牌化特性。随着服务型制造的不断发展，社会经济将会呈现出大中型企业引领，小型微型企业辅助、支撑甚至在某些领域取得突破的协同局面。

# 第二章　促进服务型制造发展的相关政策

服务型制造的概念产生经历了四个阶段：第一阶段是 20 世纪 70 年代以后，发达国家纷纷进入了服务社会阶段，集中表现在第三产业的产值和就业超过了国民经济的一半以上。第二阶段是 20 世纪 90 年代初，以 GE、IBM 等为主导的公司率先进行由产品向服务转型的尝试。学术界提出了面向服务的制造和服务嵌入制造的原始概念，此时的服务型制造概念仍然停留在传统的供应链、库存管理和柔性化生产的阶段。第三阶段是 2005 年以前，在经济转型的浪潮中，逐步提出要发展以面向生产的服务业。此时，关注点仍停留在服务部门，但服务业与生产融合已成为趋势。第四阶段是 2006 年以后，国内学者正式提出了服务型制造概念并进行了较为系统化的理论构建。在制造业转型的历史背景和商业潮流的共同驱使下，服务型制造的内涵和外延逐渐得到丰富。在此背景下，我国政府逐步出台了发展服务型制造的系列政策文件。

## 第一节　服务型制造初期导向性政策

2007 年起，在国家的政策主要是从服务业革新上入手，推动生产性服务业发展。2007 年 3 月国务院颁布《关于加快发展服务业的若干意见》（国发〔2007〕7 号）提出要大力发展面向生产的服务业，推动现代制造业与服务业的有机融合、互动发展。2008 年 3 月《关于加快发展服务业若干政策措施的实施意见》（国办发〔2008〕11 号）提出要大力培育服务领域领军企业，重点支持服务外包基地城市公共平台建设及企业发展，加快培育和引导制造业企业向服务化发展。2009 年 5 月《装备制造业调整和振兴规划》明确指出发展现代制造服务业，围绕产业转型升级，支持装备制造骨干企业在工程承包、系统集成、设备租赁、提供解决方案、再制造等方面开展增值服务，逐步实现由生产型制造向服务型制造转变；鼓励有条件的企业，延伸扩展研发、设计、信息化服务等业务，为其他企业提供社会化服务；明确提出"服务型制造"概念。

2011 年 12 月，国务院发布《工业转型升级规划（2011—2015 年）》提出坚持把推进"两化"深度融合作为转型升级的重要支撑，充分发挥信息化在转型升级中的支撑和牵引作用，深化信息技术集成应用，促进"生产型制造"向"服务型制造"转变，加快推动制造业向数字化、网络化、智能化、服务化转变。2014 年 8 月《关于加快发展生产性服务业促进产业结构调整升级的指导意见》（国发〔2014〕26 号）明确提出要加快生产性服务业发展，并在深化服务领域体制改革、降低服务业门槛、扩大出口退税政策等方面出台了一系列政策措施。2014 年 9 月《物流业发展中长期规划（2014—2020 年）》提出要鼓励物流企业与制造企业深化战略合作，建立与新型工业化发展相适应的制造业物流服务体系，形成一批具有全球采购、全球配送能力的供应链服务商。

## 第二节　服务型制造正式确立性政策

2015 年 5 月，国务院正式印发《中国制造 2025》，明确提出要加快制造与服务的协同发展，推动发展服务型制造，推动商业模式创新和业态创新，促进生产型制造向服务型制造转变。

一是要研究制定促进服务型制造发展的指导意见，实施服务型制造行动计划。包括开展试点示范，引导和支持制造业企业延伸服务链条，从主要提供产品制造向提供产品和服务转变。鼓励制造业企业增加服务环节投入，发展个性化定制服务、全生命周期管理、网络精准营销和在线支持服务等。支持有条件的企业由提供设备向提供系统集成总承包服务转变，由提供产品向提供整体解决方案转变。鼓励优势制造业企业"裂变"专业优势，通过业务流程再造，面向行业提供社会化、专业化服务。支持符合条件的制造业企业建立企业财务公司、金融租赁公司等金融机构，推广大型制造设备、生产线等融资租赁服务。

二是要加快生产性服务业发展。大力发展面向制造业的信息技术服务，提高重点行业信息应用系统的方案设计、开发、综合集成能力。鼓励互联网等企业发展移动电子商务、在线定制、线上到线下等创新模式，积极发展对产品、市场的动态监控和预测预警等业务，实现与制造业企业的无缝对接，创新业务协作流程和价值创造模式。加快发展研发设计、技术转移、创业孵化、知识产权、科技咨询等科技服务业，发展壮大第三方物流、节能环保、检验检测认证、电子商务、服务外包、融资租赁、人力资源服务、售后服务、品牌建设等生产性服务业，提高对制造业转型升级的支撑能力。

三是要强化服务功能区和公共服务平台建设。建设和提升生产性服务业功能区，重点发展研发设计、信息、物流、商务、金融等现代服务业，增强辐射能力。依托制造业集聚区，建设一批生产性服务业公共服务平台。鼓励东部地区企业加快制造业服务化转型，建立生产服务基地。支持中西部地区发展具有特色和竞争力的生产性服务业，加快产业转移承接地服务配套设施和能力建设，实现制造业和服务业协同发展。

作为当前国家制造强国建设的顶级战略，服务型制造是其中极其重要的内容，将推动我国制造业在未来跨越式发展，实现由大变强。

# 第三节  服务型制造系统指导性政策

2016 年 4 月，工信部、国家发改委、科技部、财政部四部委《关于印发制造业创新中心等 5 大工程实施指南的通知》，包含制造业创新中心建设、工业强基、智能制造、绿色制造和高端装备创新等，提出积极应用物联网、大数据和云计算等信息技术，建立绿色供应链管理体系，实施合同能源管理、全生命周期管理，制定个性化定制和远程运维服务等服务型制造标准。2016 年 5 月，中共中央、国务院印发《国家创新驱动发展战略纲要》，提出发展支撑商业模式创新的现代服务技术，驱动经济形态高级化。以新一代信息和网络技术为支撑，积极发展现代服务业技术基础设施，拓展数字消费、电子商务、现代物流、互联网金融、网络教育等新兴服务业，促进技术创新和商业模式创新融合。加快推进工业设计、文化创意和相关产业融合发展，提升我国重点产业的创新设计能力。2016 年 5 月，国务院办公厅印发《消费品工业"三品"专项行动营造良好市场环境的若干意见》（国办发〔2016〕40 号），提出要提高创意设计水平，建设国家级工业设计中心，培育一批网络化创新设计平台。

2016 年 7 月，工信部、国家发改委、中国工程院联合发布首个专门针对服务型制造专项行动的纲领性文件《发展服务型制造专项行动指南》（以下简称《行动指南》），明确提出服务型制造是制造与服务融合发展的新型产业形态，是制造业转型升级的重要方向，提出以制造业提质增效和转型升级为导向，支持企业聚焦核心业务和产品，加快服务模式创新、技术创新和管理创新，延伸和提升价值链，推动服务型制造向专业化、协同化、智能化方向发展，形成国民经济新增长点，打造中国制造竞争新优势。《行动指南》以价值链为主线，提出设计服务提升、制造效能提升、客户价值提升和服务模式创新四项行动，以及推动创新设计发展、推广定制化服务、优化供应链管理、推动网络化协同制造服务、支持服务外包发展、实施产品全生命周期管理、提供系统解决方案、创新信息增值服务、把握智能服务新趋势、有序发展相关金融服务等。

2016 年 10 月，《信息化和工业化融合发展规划（2016—2020）》提出要推广网络化生产新模式，包括大力发展智能工厂、推进网络协同制造、推广个性化定制、发展服务型制造，积极发展工业设计，推动国家级工业设计中心建设，不断提高面向产品、工艺和服务的自主创新设计能力。鼓励有条件的企业从主要提供产品向提供产品和服务转变。引导轨道交通装备、海洋工程装备、能源电力装备等行业拓展总集成总承包、交钥匙工程和租赁外包等新业务，提高为用户提供专业化系统解决方案能力。推动制造企业开展信息技术、物流、金融等服务业务剥离重组，鼓励合同能源管理、产品回收和再制造、排污权交易、碳交易等专业服务网络化发展。2016 年 10 月，《产业技术创新能力发展规划（2016—2020 年）》提出要引导工业企业重视设计创新，培育一批专业化、开放型的工业设计企业，鼓励工业企业、工业设计企业、高等学校、科研机构建立合作机制，完善设计领域的创新生态系统，有效推动服务型制造发展。2016 年 11 月，《"十三五"国家战略性新兴产业发展规划》提出要深化互联网在生产领域的融合应用，深化制造业与互联网融合发展，推动"中国制造＋互联网"取得实质性突破，发展面向制造业的信息技术服务，构筑核心工业软硬件、工业云、智能服务平台等制造新基础，大力推广智能制造、网络化协同、个性化定制、服务化延伸等新业态、新模式。加快发展工业互联网，构建工业互联网体系架构，开展工业互联网创新应用示范。推进移动互联网、云计算、物联网等技术与农业、能源、金融、商务、物流快递等深度融合，支持面向网络协同的行业应用软件研发与系统集成，推动制造业向生产服务型转变、生产性服务业向价值链高端延伸。2016年12月，《信息通信行业发展规划（2016—2020年）》提出要大力推动电子商务等互联网应用发展，鼓励企业进一步深化以客户为中心的产品开发理念及运营模式，全面深化对互联网数据资源的利用，提升数据资源整合与挖掘能力，培养和规范基于数据资源的新应用新市场。2016年12月，商务部、中央网信办、国家发改委联合印发《电子商务"十三五"发展规划》，提出要推进电子商务与传统产业深度融合，全面带动传统产业转型升级，信息增值服务涵盖电商、物流、供应链等。2016年12月，工信部和国家发改委联合发布《信息产业发展指南》，提出以工业云、工业大数据、工业电子商务和系统解决方案等为重点，开展制造业与互联网融合发展试点示范，培育一批面向重点工业行业智能制造的系统解决方案领军企业。实施工业云及工业大数据创新应用试点，建设一批高质量的工业云服务和工业大数据平台，推广个性化定制、网络协同制造、远程运维服务等智能制造新模式。

2017年2月，国家邮政局印发《快递业发展"十三五"规划》，提出七项任务和九大工程，助推快递业加速步入新的发展时代，不断深化与电商合作，不断拓展与现代农业、制造业、跨境贸易等协同模式，进一步打通创新服务链、信息链、改造实物链。2017年6月，国家发改委印发《服务业创新发展大纲（2017—2025年）》（发改规划〔2017〕1116号），强调以产业升级需求为导向，推动生产服务专业化、高端化发展，发展壮大高技术服务业，提升产业体系整体素质和竞争力。2017年9月，工信部印发《工业电子商务发展三年行动计划》，围绕产品、服务、资源和能力的在线交易和开放共享，基于电子商务开展个性化定制、发展服务型制造、促进创业创新，培育新产品、新模式和新业态，推动工业企业生产方式、组织方式和管理体系变革。2017年10月，国务院办公厅印发《关于积极推进供应链创新与应用的指导意

见》（国办发〔2017〕84 号），明确推进流通与生产深度融合；鼓励流通企业
与生产企业合作，建设供应链协同平台，准确及时传导需求信息，实现需求、
库存和物流信息的实时共享，引导生产端优化配置生产资源，加速技术和产
品创新，按需组织生产，合理安排库存；实施内外销产品"同线同标同质"
等一批示范工程，提高供给质量。2017 年 10 月，工信部印发《工业和信息化
部关于加快推进环保装备制造业发展的指导意见》（工信部节〔2017〕250
号）指出要引导行业差异化集聚化融合发展；鼓励环保装备龙头企业向系统
设计、设备制造、工程施工、调试维护、运营管理一体化的综合服务商发展，
中小企业向产品专一化、研发精深化、服务特色化、业态新型化的"专精特
新"方向发展，形成一批由龙头企业引领、中小型企业配套、产业链协同发
展的聚集区；引导环保装备制造与互联网、服务业融合发展，积极探索新模
式、新业态，加快提升制造型企业服务能力和投融资能力。

表 2-1　促进服务型制造发展国家政策文件清单

| 序号 | 发布时间 | 发布部门 | 文件名称 |
|---|---|---|---|
| 1 | 2007 年 3 月 28 日 | 国务院 | 《关于加快发展服务业的若干意见》　（国发〔2007〕7 号） |
| 2 | 2008 年 3 月 13 日 | 国务院办公厅 | 《关于加快发展服务业若干政策措施的实施意见》（国办发〔2008〕11 号） |
| 3 | 2009 年 5 月 12 日 | 国务院 | 《装备制造业调整和振兴规划》 |
| 4 | 2011 年 12 月 30 日 | 国务院 | 《国务院关于印发〈工业转型升级规划（2011—2015 年）〉的通知》（国发〔2011〕47 号） |
| 5 | 2014 年 8 月 6 日 | 国务院 | 《国务院关于加快发展生产性服务业促进产业结构调整升级的指导意见》 |
| 6 | 2014 年 9 月 12 日 | 国务院 | 《物流业发展中长期规划（2014—2020 年）》 |
| 7 | 2015 年 5 月 8 日 | 国务院 | 《中国制造 2025》 |
| 8 | 2016 年 4 月 12 日 | 工信部、国家发改委、科技部、财政部 | 《关于印发制造业创新中心等 5 大工程实施指南的通知》 |
| 9 | 2016 年 5 月 19 日 | 中共中央、国务院 | 《国家创新驱动发展战略纲要》 |
| 10 | 2016 年 5 月 20 日 | 国务院 | 《关于深化制造业与互联网融合发展的指导意见》（国办发〔2016〕28 号） |

| 序号 | 发布时间 | 发布部门 | 文件名称 |
|---|---|---|---|
| 11 | 2016 年 5 月 26 日 | 国务院国家办公厅 | 《消费品工业"三品"专项行动营造良好市场环境的若干意见》（国办发〔2016〕40 号） |
| 12 | 2016 年 7 月 26 日 | 工信部、国家发改委、中国工程院 | 《发展服务型制造专项行动指南》 |
| 13 | 2016 年 10 月 12 日 | 工信部 | 《信息化和工业化融合发展规划（2016—2020 年)》 |
| 14 | 2016 年 10 月 21 日 | 工信部 | 《产业技术创新能力发展规划（2016—2020 年)》 |
| 15 | 2016 年 11 月 29 日 | 国务院 | 《"十三五"国家战略性新兴产业发展规划》 |
| 16 | 2016 年 12 月 18 日 | 工信部 | 《信息通信行业发展规划（2016—2020 年)》 |
| 17 | 2016 年 12 月 24 日 | 商务部、中央网信办、国家发改委 | 《电子商务"十三五"发展规划》 |
| 18 | 2016 年 12 月 30 日 | 工信部、国家发改委 | 《信息产业发展指南》 |
| 19 | 2017 年 2 月 13 日 | 国家邮政局 | 《快递业发展"十三五"规划》 |
| 20 | 2017 年 6 月 13 日 | 国家发改委 | 《服务业创新发展大纲（2017—2025 年)》（发改规划〔2017〕1116 号） |
| 21 | 2017 年 9 月 11 日 | 工信部 | 《工业电子商务发展三年行动计划》 |
| 22 | 2017 年 10 月 5 日 | 国务院办公厅 | 《关于积极推进供应链创新与应用的指导意见》（国办发〔2017〕84 号） |
| 23 | 2017 年 10 月 17 日 | 工信部 | 《工业和信息化部关于加快推进环保装备制造业发展的指导意见》（工信部节〔2017〕250 号） |

资料来源：赛迪智库整理，2017 年 10 月。

# 领域篇

# 第三章　发展创新设计

## 第一节　创新设计基本情况

### 一、创新设计的内涵及意义

#### （一）创新设计的内涵

设计是创新活动的重要组成部分之一，我国中科院院士路甬祥（2014）指出，设计是人类对有目的创造创新活动的预先设想、计划和策划，是具有创意的系统综合集成的创新创造，也是将信息、知识、技术、创意转化为产品、工艺、装备、经营服务的先导和准备，并决定着制造和服务的价值，是提升自主创新能力的关键环节。随着 20 世纪末人类社会文明发展从工业化时代进入信息化时代，互联网得到快速推广，我们可以使用的数据得到爆炸式增长，这些均成为当今社会最重要的创新资源。当前新一轮产业革命如火如荼，全球发展格局走向多极化、我们对物质文化的需求也日益增长，人类自身面临着生态环境恶化、全球气候升温、网络信息安全等挑战，推动了创新设计理念的更新与发展。

在 21 世纪，创新设计逐渐成为一种具有创意的复合创新与创造活动，它面向知识经济和网络信息经济时代，以产业为主要服务对象，以绿色低碳化、网络智能化、工具全球化、设计服务化和资源共享化为主要特征，集科技、文化、艺术、服务模式创新于一体，并涉及工程设计、工业设计、服务设计等多个领域，是科技成果转化为现实生产力的重要环节，逐渐成为新一轮全球产业革命的有力支撑。在中国工程院《创新设计战略研究综合报告》

（2015）中指出：创新设计是以满足人们的物质、精神需求和生态环保要求为目标，追求个人、社会、人与自然的和谐、协调可持续发展，随着社会文明的发展，人们的消费观念、文化理念、生活与生产方式随之改变，设计从注重对材料和技术的利用、功能的优化，上升为对美的追求，人性化、个性化、多样化的用户体验，以及对人文道德、生态环境的关怀。在今天随着人类文明的发展与进步创新设计的产品与服务有着更丰富的物质文化特征，同时需要满足市场需求和消费者的精神需求，不断促进社会文明与和谐。

### （二）工业设计与创新设计

工业设计的定义：从国际视角看，工业设计产生于工业化时代，发展于第一、二次工业革命时期，主要针对工业产品进行设计，用于提升产品的外观、功能、造型及品牌和营销等方面，因此成为推动产品创新和提高产品竞争力的重要手段。1970年国际工业设计协会（ICSID）对工业设计进行了首次定义：工业设计是一种根据产业状况以决定制作物品的适应物质的创造活动；1980年把工业设计的定义修订为对于批量生产的工业产品而言，凭借训练、技术知识、经验及视觉感受，而赋予材料、结构、构造、形态、色彩、表面加工、装饰以新的品质和规格；2006年再次把工业设计定义为一种创造性活动，目的是为物品、过程、服务以及它们在整个生命周期中构成的系统建立起多方面的品质。

从国内视角看，在1987年，我国成立了中国工业设计协会，钱学森在会上提出了工业设计需要将功能设计和外形美术设计相结合的思想。2010年我国工业和信息化部在《关于促进工业设计发展的若干指导意见》中指出：工业设计是以工业产品为对象，综合运用科技成果和工学、美学、心理学、经济学等知识，对产品的功能、结构、形态及包装等进行整合优化的创新活动。

根据路甬祥院士产业发展的观点，可以将设计分为三个发展阶段：一是农耕时代的传统设计，即设计1.0时代；二是工业时代的现代设计，即设计2.0时代（也称作工业设计1.0）；三为知识网络时代的创新设计，即设计3.0时代（也称作工业设计2.0）。

综上，21世纪的创新设计是覆盖了产品设计、流程设计、工程设计、环境设计、服务设计等诸多领域，以互联网、大数据、云计算、物理信息系统等先进信息技术为支撑，具有绿色低碳化、产品智能化、工具全球化、设计服务化、资源共享化等重要特征，并广泛应用于人类社会生活的各个领域。

工业设计与创新设计的关系：（1）创新设计产生发展于知识经济和网络信息经济时代，它是工业设计的更新与发展，在设计理念、设计环境与覆盖范围、设计工具与方式、创新模式和价值增值路径等方面都发生了显著变化；（2）20世纪工业时代的现代设计主要基于物理环境，现在知识经济和信息网络经济时代的创新设计基于全球信息网络、大数据及云计算和物理环境；（3）伴随着我国创新驱动发展战略的实施，工业设计在现代工业发展中的地位将不断得到提高，以设计创新为主导的工业现代化发展新模式将逐渐形成。

### （三）发展创新设计的重要意义

在经济新常态下，创新设计不仅可以提升个人、企业和国家核心竞争力，同时还可以推动"中国制造"向"中国创造"转变，有效面对西方发达国家制造业的挑战。（1）创新设计可以提升我国原始自主创新、集成复合创新、引进消化吸收再创新能力，将优化中国制造的产品结构和产业结构，引领传统产业技术改造、推进产业转型升级，引领推动中国制造从模仿复制走向自主创新；（2）创新设计将明显提升中国制造的质量和效益，增加优质产品和服务供给，加速淘汰落后和有效缓解产能过剩，促进绿色低碳化、智能化、个性化与定制式的制造与服务，进一步深化制造业供给侧结构性改革；（3）创新设计将会促进"五化"（信息化、网络化、工业化、城镇化和现代化）的深度融合，优化现阶段我国能源利用结构，提高能源利用率，从根本上促进节能、降耗、减排，促进我国不良自然环境的恢复与改善；（4）创新设计将推进我国教育改革，培养更多优秀和急需的创新创业人才，在全社会形成重视创新设计的良好环境，进一步提升政产学研及社会各界协同创新能力；（5）创新设计将会明显提升我国产业竞争力，优化中国制造产品出口结构，提高中国产品在国际市场中的竞争力。

## 二、创新设计发展的现状

通过重视创新设计来促进经济发展是西方发达国家的一致战略之一。在北美、欧洲、亚洲等发达经济体设计对产业创新的作用一直得到重视，使设计与本国的科技、经济、社会、文化、教育等相互融合，科学研究、制定并完善设计推广、支持政策，并将设计纳入国家创新战略之中，在国家层面进行顶层设计和组织规划、颁布相关产业支持政策和行业发展路线图。使用符合国情的产业政策来支持增强创新设计能力，已成为各个国家提高产业竞争优势的重要举措。

北美。从全球范围看，美国的创新设计水平属于领导地位，并长期对其他国家的设计产生重大影响。2003 年 10 月，美国提出了"国家创新倡议"，建议在未来实现以下目标：（1）形成并制定全面提升美国竞争力的国家意识和行动框架；（2）通过深入对创新过程的了解和认识将其转化为促进经济增长的动力；（3）营造和构建充满活力和吸引力的美国创新氛围。美国自 2008 年世界金融危机爆发以来，已连续三次发布《创新战略》。2009 年美国国家设计机构将设计战略政策规划分为民主政府设计政策和经济竞争力设计政策两大类，共有 250 项，涉及各类产业。在近年美国制造业回流的背景下，2013 年，联邦政府投资 3.2 亿美元成立"数字制造和设计创新研究院"；2014 年宣布每年投入 25 亿美元推动"创客"发展，同时拨款 10 亿美元组建国家创新制造网络，计划在全美建设 15 个制造创新研究所，形成和完善国家创新生态系统①。

欧洲。从世界范围看，欧盟是创新设计最活跃的地区之一。2011 年，欧盟委员会倡导合作建立欧盟设计领导力委员会，颁布欧盟设计的全球化战略、建立创新设计生态系统、启动欧盟创新设计联合研究计划等 21 项宣言。德国、英国、法国、丹麦、芬兰、瑞典等国家一直通过设计推广和支持政策来推动产业振兴。

德国。在 1907 年就制定了"设计定标准、设计定质量"的战略，而后诞生了奔驰、大众、西门子等百年品牌。德国的政策直接定位于设计，如设立德意志联邦共和国设计大奖，建立德国设计委员会和德国专利及商标办公室等。2013 年德国工业 4.0 战略提出了开放创新、协同创新、用户创新的新理念，工业制造产品更加注重人文关怀，推动工业创新从简单的生产制造向服务型制造转变。英国在撒切尔夫人执政时期就是提出"英国要用设计和大家

---

① 路甬祥：《创新设计与中国制造》，《全球化》2015 年第 4 期。

交朋友"。为了应对全球经济危机的影响，2008年英国设计委员会制定"设计2020"，对创新设计进行长期发展规划，并在《重启不列颠二：设计与公共服务》报告中指出，将设计应用于公共服务规划与路线图①。法国在关系国计民生的重要领域坚持自主设计研发，并成功研制成功核潜艇、核电站、大飞机等。丹麦在2007年发表《设计丹麦》白皮书，关注丹麦设计政策发展的新方向，确立设计是创新过程的核心部分；2011年、2013年连续出台了"国家设计政策"。芬兰从二战以后就开始关注设计方面的问题，鼓励用设计来表达和增加国家知名度，促进经济发展，现在也有多种举措促进设计发展，如芬兰设计论坛等。芬兰政府2000年通过了"国家设计政策纲要"，以成为设计和创新方面的领先国家作为国家发展战略推进实施。瑞典在2003年发布了《创新系统中的研发与合作》法案，标志着瑞典政府开始制定战略政策来促进国家创新体系的形成。

亚洲。在亚太地区，日本是世界设计强国，韩国在全球创新设计的地位不断提升。1969年日本成立了"设计行政室""日本产业设计振兴会"，设立了"日本好设计奖"，在创新设计发展方面起到了巨大促进作用；其产业设计振兴政策推动日本成为"设计的天堂"，大幅度提高了日本设计和日本产品的国际竞争力和影响力②。21世纪以来，日本设计更加走向智能化、人性化、节能化，政府大力支持开发智能建筑设计、地下城市设计、空间城市设计等。1998年韩国政府提出了"设计韩国"战略，2000年建立设计振兴院，每年拨出约3亿元人民币，用于设计示范、交流、评选等，推动了三星、LG等大型企业创新，韩国设计从业人员已多达108万人，2002年每百万人中拥有设计知识产权注册量达到573件，造就了韩国设计强国地位③。韩国设计政策的重点是推行全民新设计运动、提高国民生活质量、强化产业竞争力、提高设计国际竞争力、强化设计品牌竞争力。

---

① 王晓红：《推动创新设计发展新产业革命下跨越发展》，《全球化》2016年第9期。
② 许平：《影子推手：日本设计发展的政府推动及其产业振兴政策》，《南京艺术学院学报》2009年第5期。
③ 创新设计发展战略研究项目组：《创新设计战略研究综合报告》，科学技术出版社2015年版。

## 三、创新设计发展的特征、趋势

### （一）绿色低碳化

绿色经济是以经济与环境的协调发展为目的，以适应人类环保与健康需要而发展起来的一种新的经济形式，包含节能减排、清洁生产、低碳经济、循环经济等模式在内的，把资源高效利用、低污染排放、低碳排放及工业生态链、社会公平发展等理念集于一体的经济活动，是最具生命力和发展前景的包容性经济发展方式。未来的创新设计将更加倾向于设计创造多样化的绿色材料、智能材料及绿色低碳工艺与智能装备。

### （二）产品智能化

未来的创新设计是在产品设计过程中嵌入微型的感知、处理和通信等功能部件，使这样的产品具获取信息、执行决策及诸多处理和交互功能，成为智能化产品及系统。当前，通过一定的技术手段，借助相关硬件、传感器、数据储存装置、微处理器和设计软件的研究成果、智能化的创新设计在生活中的应用已快速增多。"中国制造2025"国家战略将"智能制造"作为中国制造业发展的主攻方向，将与服务业一样，建立在全球网络之上，实现人与人、人与机器、机器与机器之间的对话协同，互联网开放式的环境下用户可以直接参与产品的研发与设计。

### （三）工具全球化

面对其他国家优秀设计工具及软件的竞争，需要具有全球化发展战略思维，大力研发面向智能化发展方向的设计工具及适应大数据和云计算、虚拟仿真、智能控制和嵌入式操作系统等软件，满足创新设计融合多学科、跨行业及领域的需求。未来设计工具及软件的使用将基于世界互联网、大数据和云计算的数字虚拟现实；高水平操作系统、设计工具和应用软件成为增加制造业竞争力的核心要素，并进而产生大数据分析、网络超算、软件和服务增值等网络设计服务新业态。

### （四）设计服务化

未来中国制造将要超越或领跑世界其他国家，必须实现创新设计和突破现有商业模式，减少制造业和用户之间的距离，需要系统思考制造和服务的全过程。现在的商业模式是使用产品的数据信息绝大多数掌握在电商平台手中，最具有创新价值的信息被阻断回到制造商手中。而服务型制造需要解决的问题是制造业必须面对用户，制造商需要掌握使用产品和服务效果的第一手信息，对设计创新、制造技术改进和用户体验等产业链的重新整合。创新设计需要贯穿到整个价值链中，实现设计直接面对服务，这样既突破了现有商业模式，又真正地掌握了用户的需求，把现在的制造转化为服务型，这样将可以形成从创新设计到服务及用户体验的不断循环，形成全新的生态价值链体系。

### （五）资源共享化

未来的创新设计不仅要满足高中低端个性化、多样化需求，也要满足自然人的多样化需求，因此需要实现信息资源共享化。以智能化、数字化、网络化及信息化等技术手段支撑全球创新设计共性技术资源共享云平台，建设世界各国的设计相关产业、法律规范、行业标准的大数据平台，构建面向行业、政府创新设计的大数据工程研究平台，鼓励相关设计协会采集年度设计数据形成数据库，为企业和相关需求者提供行业大数据的分析和检测服务，进而帮助企业或需求方增强预测和规避风险能力。

## 第二节　创新设计实施路径

美国兰德公司2006年发表的《2020年的全球技术革命》研究报告提出了未来将得到最广泛应用的16个行业领域，包括低成本太阳能电池、无线通信技术、转基因植物、水净化技术、低成本住宅、工业环保生产、混合型汽车、精确治疗药物、人造器官等；2013年麦肯锡咨询发表的调研报告提出了12项改变世界的先进技术，包括移动互联网、人工智能、物联网、云计算、机器人、下一代基因组技术、自动化交通工具、能源存储技术、3D打印、新材料、非常规油气勘探开采、可再生能源。《中国制造2025》战略明确指出在新一代信息技术、机器人、航天航空装备、先进轨道交通设备、节能与新能源汽车、新材料等十大重点领域突破发展。上述新技术的创新与发展必然会推动新一轮产业革命的发展和带动新兴产业的兴起，为我国产业转型升级带来新的重大机遇。

## 一、提升重点产业领域的创新设计能力

重点领域创新设计示范工程建议：

### （一）钢铁冶金

通过研发动态设计理论、整体设计分析工具、精准设计流程、全流程集成创新，实现核心技术、管理体系、服务模式的全产业链创新设计，引导钢铁冶金材料在工程装备、高端装备、轨道交通、航空航天、海洋装备、先进国防装备等领域的应用，提高质量、优化结构，实现绿色可持续发展。

### （二）节能与新能源汽车

抓住绿色智能、个性定制化大趋势，详细掌握用户对汽车产品功能、使用体验、文化品位的需求，创建汽车技术与应用大数据、自主知识产权通用平台，通过创新设计引领，提升产品性价比、强化品牌及体验设计、创新商业与服务模式，推进自主品牌节能与新能源汽车同国际市场接轨，并积极开拓国内外市场。

### （三）家用电器

借鉴其他国家先进的设计理念、方法和流程、创新集成先进技术，建立支持自主研发的设计知识信息数据库，发展产品、品牌、个性化定制整合设计，向设计研发、工业设计、品牌营销、产业链整合等高附加值环节进军，促进产品及产业结构优化，打造国际市场上的中国制造自主知名品牌。

### （四）电力装备

通过创新集成先进电力设备和互联网电力网的系统融合设计，实现能源监控调度方式创新、电力设备技术创新和服务方式的创新，推动从传统电网向安全可靠、高效优质、包容互动的现代电网的升级和跨越，推进新能源和可再生能源装备、先进储能装备、智能电网用输变电及用户端设备发展，实现从生产供给型企业向面向终端消费者的公用服务型企业转型。

### （五）工程机械

配合"中国制造2025"国家战略的实施，提升工程机械核心零部件、元器件等工艺设计水平、提升产品质量、拓展高端产品；建立全球工程机械创新设计大数据库，应用模块化设计与虚拟化制造技术，建立产品主机制造商、零配件供应商与科研开发机构的协调创新设计机制，面向国家"一带一路"发展战略，为工程机械转向工程施工机械成套装备，高端农机装备，海洋工程装备及高技术船舶、桥梁、隧道和地下工程设备等跨行业发展提供支持。

### （六）先进轨道交通装备

通过建立高铁轨道交通系统的顶层设计，以运输能力、舒适性、安全性、环境友好和地域文化为主要考虑因素，面对丝绸之路的发展机遇，研发新一代绿色智能、高速重载轨道交通装备系统，建立高铁的中国标准、自主品牌和自主知识产权。

### （七）航空航天装备

通过设计研发、制造、管理的协同，发展新一代运载火箭、重型运载器，提升进入空间能力，发展新型卫星空间平台与有效荷载、空天地宽带互联网系统，形成长期持续稳定的卫星遥感、通信、导航等空间信息服务能力[1]。

### （八）新一代电子信息技术

大力提升集成电路设计水平，实现核心通用芯片国产自主设计，提升国产芯片的应用适配能力。自主创新设计研发高端服务器、大容量服务器、新型路由交换、新型智能终端、新一代基站、网络安全等设备，推动核心信息通信设备体系化发展与规模化应用[2]。

### （九）绿色、智能材料

创新设计应对材料发展的新需求，实现材料的功能化、绿色化、智能化和个性化。积极推进研发绿色材料与制备工艺、超常结构功能材料、可降解、可再生循环材料及具有自感知、自适应、自补偿、自修复功能的智能材料。

---

[1] 中国制造2025. 北京：人民出版社，2015. 6.
[2] 中国制造2025. 北京：人民出版社，2015. 6.

### （十）现代服务业

创新设计将综合利用软件设计、体验设计、品牌设计和互联网服务业态创新提高现代服务业的附加值和竞争力，拓展软件服务业、互联网、电子商务及文创产业与传统服务业的融合，创新现代商业服务模式，提升我国服务业的品牌竞争力。

## 二、加强设计共性关键技术研发

重点突破以下共性关键技术：

### （一）绿色设计

即生态设计，将环境因素和可持续发展作为设计目标和出发点，包括全寿命周期设计、生态和谐设计、面向再制造的产品创新设计技术等。

### （二）智能设计

应用现代先进信息技术，赋予产品、制造和服务智能化特征，包括智能产品设计、智能服务设计、智能化设计流程、智能制造系统、大数据驱动设计技术。

### （三）个性与定制化设计

依托物联网、云计算、大数据、3D打印等技术，支持大众创业、万众创新，包括增材制造技术、柔性设计、自适应界面技术和情感化设计技术、通用设计软件和大数据平台等。

### （四）操作系统、设计软件设计

研发趋向于智能化和数据挖掘领域的设计工具软件，包括机器人、高端制造装备和航空航天、海洋工程装备等领域的设计、集成电路、虚拟仿真和嵌入式等设计软件或操作系统、提高我国系统软件和应用软件的设计能力。

# 第三节　我国创新设计发展面临的问题与机遇

"十三五"时期我国经济进入新常态，制造业面临着发达国家重振高端制造和新兴发展中国家低成本制造竞争的双重挑战；同时，改革开放以来，较长时间的产业粗放发展使我国付出了巨大的资源损耗和环境污染代价，可持续发展压力日趋紧迫。鉴于此，坚持实施创新驱动发展战略，发展创新设计势在必行，但发展创新设计面临的问题和机遇同在。

问题。当前阶段我国创新设计基础薄弱，发展面临诸多问题和困难：（1）企业自主创新意识不强，创新能力明显不足；（2）国家宏观规划和政策导向有待加强，国家创新设计生态系统仍不完善；（3）社会对创新设计的认知和信心不足；（4）高水平创新设计人才缺乏，教育水平有待提高；（5）创新设计资源和资金投入不足，这些问题都制约了我国创新设计发展。

机遇。从国际环境看，新一轮产业革命方兴未艾，世界各国都开始加快新技术研发和新产业布局，同时诸多新技术、新业态、新商业模式不断产生，产业结构调整的力度明显加快。从国内环境看，我国正处在产业转型升级的关键时期，与新一轮产业革命不期而遇，这正是我国制造业实现跨越式发展的历史性机遇。（1）创新设计是制造业价值链的起点，发展创新设计是我国制造业从跟踪模仿复制到实现跨越的突破口，是推动我国培育自主品牌、产品走向世界的重要举措；（2）发展创新设计是推动我国传统产业实现转型升级的重要抓手，也是建设生态文明、保障国家和社会安全的有力工具；（3）创新设计可以推动我国制造业实现研发设计、采购原料、仓储运输、生产制造、批发零售、售后服务的全产业链的优化整合，是我国制造业向产业链两端延伸的重要途径，推动产业迈向全球价值链中高端的重要举措。

创新设计利用互联网、大数据、云计算、物理信息系统等新技术，改变和衍生出创客、众包、服务型制造等新业态，适应了当前我国大众创业、万众创新的时代需求。"十三五"时期是我国实施工业强国战略的关键时期，在机遇面前，以创新设计为抓手，把握产业发展的新阶段，努力实现"中国制造"向"中国创造"转变，使我国制造业在新一轮产业革命中争占优势地位。

# 第四节  创新设计展望及政策建议

## 一、建立国家和地方创新设计工程中心及公共服务平台

完善创新设计顶层设计，设立国家和地方行业创新设计工程中心，大力提高企业创新设计能力，整合国家、地方、企业等各方力量共同解决产业创新设计发展重大问题，开展创新设计共性关键技术研发，推动创新设计成果产业化。建设一批创新设计集聚区、产业联盟、信息网络等公共服务平台，共创共享创新设计成果和基础资源，构建政用产学研多方协同的创新体系和机制。

## 二、加大创新设计经费投入和财政金融政策支持

在国家和地方相关创新设计专项计划中增加程序设计内容，支持企业和创新设计机构开展自主创新设计和研发。加大财政资金支持力度，设立国家创新设计专项基金，用于引导和鼓励创新设计共性技术研发，以及企业在新产品、新技术、新工艺品和新商业模式等方面的创新设计。创新财政资金支持方式，以项目为载体，国家、地方与企业共同出资，创新设计基金委员会统一管理。开展创新设计首台套政策，支持重点领域的重大自主创新设计示范工程。制定和落实创新设计产品和企业的税收减免扶持政策，提高企业自主创新设计的抗风险能力，强化企业在创新设计发展中的主体地位。

## 三、构建创新设计人才培养体系

优化创新设计软环境，把培养创新设计人才放在首位，推动国内设计教育改革，转变培养目标和模式，打破学科、专业界线，构建与市场需求、产业转型和全球化趋势相适应的创新设计教育体系。强化职业教育和技能培训，鼓励校企合作，培养急需的创新设计人才。组织实施创新设计人才培养计划，建立创新设计师岗位培训制度，加强职业培训，提高企业创新设计水平。建

立中国设计师职称评定制度和人才激励机制，稳定和扩大创新设计专业人才队伍。加强创新设计国际交流，选拔优秀人才到国外学习培训，探索国际创新设计先进经验，集聚全球先进设计理念、技术、人才等资源要素，加快国内创新设计行业整体水平提升。

### 四、完善知识产权保护法规和设计标准

完善知识产权保护法规，构建与国际标准接轨的创新设计知识产权保护体系，为中国制造走出去提供法律支撑；加强执法，加大违规惩罚力度，为自主创新设计发展营造良好的法制环境。加强知识产权保护教育，提升企业和社会的知识产权保护意识，提高企业的自我保护能力。建立创新设计标准，提高创新设计质量和效益，发展和建立创新设计竞争力评价体系。

### 五、营造良好的创新设计氛围与环境

广泛发挥各类媒介作用，对创新设计进行宣传推广，增加全社会对创新设计的正面认识。进一步推动"中国创新设计产业战略联盟"的工作，设立国家工业设计奖，举办"创新设计博览会""中国好设计"等综合创新设计活动，并使之成为国内外有影响的创新设计品牌和风向标，激发全社会创新设计的积极性和主动性，形成大众创业、万众创新的良好环境。

# 第四章　优化供应链管理

## 第一节　供应链管理基本情况

供应链的定义是由核心企业通过对资金流、信息流和物流的控制，从原材料采购开始，经过制造生产中间产品和最终产品、销售及服务等环节将产品送达消费者端。简而言之，供应链是由供应商、制造商、分销商、零售商，直到最终用户连成一个整体的功能性网链模式。

供应链管理是指以客户利益为中心，供应链上的成员企业之间密切合作、共享利益、风险共担，对整个供应链条中的资金流、信息流、物流、商品流、业务关系等项目内容实施规划、调整、平衡、管控的运作过程。供应链管理模式是由信息流、资金流、物流、服务流、价值流构成的服务型制造网络。①优化供应链管理（SCM）是制造效能提升行动三大任务之一，是通过推广供应链管理等先进的管理理念、运行模式和组织方式，突出制造业企业的主体地位，构建和完善供应链运行模型，促进资金流、信息流和物流的协同合作，在实现降成本和去库存的同时，提升供应链整体的效率和效益。

### 一、供应链管理的三大模式

根据供应链条内上下游不同的企业结构，企业间合作或协调的组织方式多有不同，通常有三种供应链管理模式。一是核心企业主导型，由产业内的核心企业构建的供应链体系，通常是核心企业进行构建信息平台和开发管理

---

① 工业和信息化部：《〈发展服务型制造专项行动指南〉解读之四——供应链管理模式》。

软件，并主导上下游投资，通过提高全供应链效率的方式来为产业链各环节进行增值。二是产业联盟型，由产业内的若干大型企业形成产业联盟，通常是由供应链上下游企业成员之间协同合作，构建统一的操作系统和通用的信息平台，实现产业联盟内的信息流、物流、资金流的高效运转。三是第三方协调服务型，由第三方企业来整合的供应链，并为供应链上下游企业成员提供专业的供应链协调服务，进而实现制造企业之间的供应链整合。

## 二、发展供应链管理的意义

企业推广和应用供应链管理模式，是以提升顾客利益为核心，结合企业自身提升产品价值的系列业务活动，构成一条价值增值链。供应链上下游企业成员之间的关系已经不再是传统意义上的独立个体，而是在供应链条上充当部分节点，在一定程度上构成高效的制造—服务链条。供应链内的上下游成员企业通过便捷高效的方式分享信息、资源，加强对生产调度的及时管控，减少传统供应链中单纯物流交换而产生的时间拖延、生产波动、资源不匹配、成本增加等诸多问题。通俗来讲，供应链管理模型就是将供应链上下游的企业成员打造成协同合作、共同发展的制造—服务综合体，企业成员不再是单向链条上孤立的个体，而是通过集中管理的方式，改变"大而全""小而全"的低效商业模式，打造企业竞争新优势，培育经济发展新动能。[1]

从微观经济角度来讲，优化供应链管理主要从三个方面正向作用于制造业企业。第一，适度减少制造业企业成本压力。旧的供应链条模式导致上下游企业为应对库存波动，对生产材料进行大量储备，进而增加企业库存成本，或资金周转困局及生产资料浪费等成本压力。优化供应链管理模式，首先是打通供应链上下游企业成员之间的信息流障碍，制造业企业之间实现高效信息交流，有利于企业降低库存成本以及整个供应链条的协调与平衡。资料显示，供应链管理对企业运营成本、生产效率、按时交货率等方面均产生正向影响，一般可以使企业总成本下降 10% 左右，按时交货率提高 15% 以上，订货到生产的周期时间缩短 25%—35%。[2]

---

① 何渺褚云辉，《供应链管理模式下的企业物流管理》，《经营与管理》2017 年第 3 期。
② 吴梅郭旭娟，《我国企业供应链管理发展现状及发展对策》，2014 年 4 月。

第二，有效提高企业运行效率。供应链上下游成员企业间通过供应链管理模式提高供给效率，同时通过信息流、物流的信息及时共享，提高企业间合作生产的效率。供应链管理模式的推广应有有利于促进物流仓储行业的快速发展。当前我国物流仓储行业发展较快，但相较于发达国家如德国、英国、美国、日本等还存在较大差距。优化供应链管理，鼓励物流服务和仓储库存服务行业的发展，提升第三方服务企业的市场占有率，同时消除库存不平衡，协调供应链上下游企业的供需关系。

第三，更好地满足消费需求。供应链管理模式有利于不同类型的企业在生产过程中树立以消费需求为核心的制造生产理念，更好地依据消费需求提供灵活高效的生产服务。当前我国制造业面临有效供给不足和低端供给过剩的困局，企业制造和生产应以消费需求为核心，不断满足消费需求，诸如针对定制化、高端化、精细化的消费产品提供高效生产服务，适应消费升级带来的改变，有利于提高供给效益和质量。

从宏观经济角度来讲，优化供应链管理有利于促进服务型制造的发展，有利于制造业企业侧重价值增值和产需互动，有利于打造制造业核心竞争力和综合优势，重塑中国制造业在产业国际分工中的地位。

## 三、供应链管理的发展现状

总体来讲，我国企业对于供应链管理的应用尚处于起步阶段，仅有少数规模以上企业构建起供应链管理模式的雏形，如海尔、格力、一汽－大众等企业；部分规模以上企业逐步建立制造资源计划（MRP II）、企业资源计划（ERP）管理模式；绝大部分中小制造企业仍采用"计划——执行——反馈"的基础管理逻辑，供应链条上的企业按照"采购——制造——销售"维持合作，对供应链管理的了解甚少，基本不构成供应链条中的企业间信息流、物流、资金流等流通。根据世界银行每两年发布的《全球供应链绩效指数》显示，全球供应链绩效指数（LPI）主要是针对一个国家或地区内物流水平，及参与全球供应链能力的指数，2016年我国列于全球27位，前十位主要由德国、美国、英国、日本等发达国家占据。

我国企业对供应链管理模式应用率较低主要是受到制造业产业层次偏低、

产业结构不优的影响。在过去的经济高速发展时期，我国制造业发展得利于劳动密集型产业的规模效益与生产要素综合成本的相对优势，但同时也造成了我国制造业在全球产业分工中处于中低端的困局。随着全球化的不断发展、资源环境的约束加强、综合生产要素成本的不断上升等原因，构建与优化供应链管理势在必行。

当前，制约我国企业构建与应用供应链管理模式的主要制约因素有很多，诸如供应链支撑技术应用基础薄弱、企业两化融合水平较低、企业间协同发展尚未形成、高精端人才供给不足等因素。不过，随着近些年我国制造业不断向智能化、自动化发展，制造业两化融合水平的不断提升，将为我国制造业企业提供构建与应用供应链管理模式的发展基础，初步实现信息流的体系建设，进而为物流与资金流等新业态的产生奠定基础。

发展服务型制造中的优化供应链管理行动，主要在于打破企业之间的边界壁垒，通过高效的信息流、物流传递共享，以及资金流的有效运作，打破上下游企业孤立节点的现状，构建起制造——服务的整合型综合体，达到降成本、去库存、增效益的目标。故此，可以从供应链中的信息流、物流、资金流的发展现状分析得知我国供应链管理面临的问题、对策建议及企业应用供应链管理的实施路径。

从信息流角度来讲，信息流的共享与传递主要取决于企业信息化水平的发展。根据《国务院关于印发〈中国制造2025〉的通知》（国发〔2015〕28号）资料显示，2013年我国制造业两化融合水平，特别在宽带普及率与关键工序数控化率方面较为落后，仅达到37%和27%。2015年，宽带普及率、数字化研发设计工具普及率和关键工序数控化率三项指标得到进一步发展，但距离2020年与2025年的发展目标仍存在较大差距。我国制造业两化融合水平的逐步提升将为企业间实现信息流共享，并通过信息流制造效益、节约成本奠定坚实的技术基础。

需要明确的是，供应链管理模式中的信息流交换并非是单一核心企业节点实现高水平的信息化，而是在产业供应链条内的绝大部分企业信息化水平发展到一定程度后，才可以打通信息交流的壁垒，实现原材料采购——制造生产——物流仓储——销售服务等网络信息共享，提高企业生产效率，降低物流仓储成本，培育企业间协同发展的新业态。

表4-1 我国制造业两化融合水平发展现状及目标

| | 指标（%） | 2013年 | 2015年 | 2020年 | 2025年 |
|---|---|---|---|---|---|
| 制造业两化融合水平 | 宽带普及率 | 37 | 50 | 70 | 82 |
| | 数字化研发设计工具普及率 | 52 | 58 | 72 | 84 |
| | 关键工序数控化率 | 27 | 33 | 50 | 64 |

资料来源：《国务院关于印发〈中国制造2025〉的通知》（国发〔2015〕28号），其中，宽带普及率用固定宽带家庭普及率代表，固定宽带家庭普及率=固定宽带家庭用户数/家庭户数。数字化研发设计工具普及率=应用数字化研发设计工具的规模以上企业数量/规模以上企业总数量。关键工序数控化率为规模以上工业企业关键工序数控化率的平均值。

从物流仓储角度来讲，虽然我国物流行业近些年高速发展，但是物流总成本占GDP比率仍然较高。根据国务院发布的国民经济与社会发展统计公报的数据显示，2011—2016年我国物流总成本占GDP比重约为18%，约是发达国家的物流总成本占GDP比率的两倍。2014年，我国工业企业产品库存率为9.4%，而发达国家一般不超过5%，如果把我国工业产品库存率降低一个百分点，可节约库存占用资本9100亿元人民币。

图4-1 2006—2015年中国社会物流总额及增长情况

资料来源：赛迪智库产业政策研究所。

我国物流仓储行业发展的主要制约因素有三点，一是大部分企业仍处于"大而全""小而全"的经营、组织模式，涉及原材料采购、中间产品及最终产品制造生产、销售服务等不同环节的物流仓储活动均由企业自身解决，物流效率偏低，成本居高不下。二是专业化物流仓储服务的企业核心竞争力不强，服务模式单一，即第三方物流市场占物流市场的比例不高。三是物流仓储的基础设施建设较为滞后，装备技术环节严重制约物流效率的提高。

从资金流角度来讲，供应链管理侧重于打通上下游企业间资金流转的壁垒，减少企业资金压力，降低企业投融资风险，为产业供应链内企业成员之间营造协同发展、共同增效的发展环境。但目前实现企业间健康的资金流转较为困难，主要在于资金流转方式、信用评级等方面保障体系尚不健全，信息流和物流等基础环节尚未贯通。

### 四、供应链管理呈现新趋势

对供应链管理模式最早的探索出现在 20 世纪 70 年代，丰田公司尝试在汽车及零部件生产领域实施准时生产与零库存管理。随着信息技术的不断发展与应用推广，越来越多的国际制造业企业信息化、智能化水平不断提升，供应链管理模式也被更多的企业当作降低成本、提高效益、增强核心竞争力的主要途径之一。

当前，供应链管理发展迅速，呈现出以下五大新趋势。一是供应链着眼全球化。近些年经济全球化发展不断推进，区域经济贸易协定不断升级，供应链管理也从国内企业间协同合作发展到区域或全球企业间协同合作模式。以美国新百伦（New Balance）产品制造生产为例，原材料采购与制造生产环节布局在越南、柬埔寨等国，销售及服务则布局在主要市场目的国如中国、美国以及欧盟等国家。供应链管理着眼全球化也对供应链管理软件及系统提出全球适用、协作的新要求。

二是供应链趋于敏捷化。敏捷化主要体现在供应链管理的应变能力与柔性处理能力。应变能力主要强调制造业企业在制造生产过程中对外界的环境变化拥有极高的应变能力，能够对外部环境的改变迅速做出判断并采取相应的措施应对是当前供应链管理的发展方向之一，如大型制造生产企业不断进行自动化设备更新升级等。柔性处理能力主要侧重于产品的个性化与精细化需求，产品全生命周期的改变以及企业间交货期的改变均需要供应链管理作出相应的柔性处理。

三是供应链立足绿色化。如何构建稳定且可持续发展的供应链条，降低供应链条在运行中的能耗与污染物排放，是绿色供应链管理的根本要求。供应链中的成员企业通过信息流、物流等协同合作，降低在物流运输环节的产品损耗率，提高包装箱等综合利用率，实现绿色供应链管理。

四是供应链发展集成化。供应链包含计划、生产、物流、销售等多个层面，不同环节在实现信息流共享的同时，更应注重自动化设备在信息流中的重要地位。如订单处理过程中，运输与分配设备将产品信息融入企业间信息流的共享体系中，极大地提高物流运输效率，降低仓储成本。产业互联网是供应链管理模式未来发展的重点方向。

五是供应链逐步社交化。随着智能终端设备的不断普及，供应链管理的方式也愈发多元化。原来只能在设备上进行操作发布指令，现在也逐步发展为智能终端操作，如智能手机等。并且，供应链条上下游企业成员之间也可以通过智能终端设备进行及时沟通调整，进而对工作流等环节进行及时管控。

# 第二节　供应链实施路径

一般情况下，供应链管理模式的制定可以通过供应链运作参考（SCOR）模型来参考分析。SCOR 模型是由国际供应链协会（SCC）于 1996 年发布，旨在帮助企业更好地实施有效供应链，实现从基于职能管理到基于流程管理的转变。SCOR 模型主要是通过对制造业企业计划、采购、生产、发运和退货等五个环节进行分析，进而得到供应链"最佳实施"方案，降低企业运营的综合成本，提高供应链内成员企业间有效沟通，最终实现提升企业效益的目标。

SCOR 模型是第一个标准的供应链流程参考模型，是供应链的诊断工具，它涵盖了所有行业。参考模型使企业间能够准确地交流供应链问题，客观地评测其性能，确定性能改进的目标，并影响今后供应链管理软件的开发。流程参考模型通常包括一整套流程定义、测量指标和比较基准，以帮助企业开发流程改进的策略。

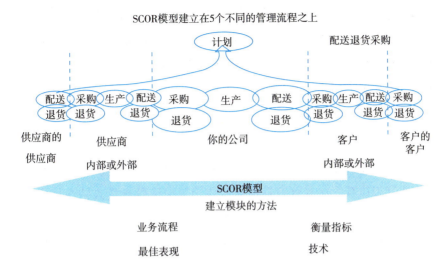

**图4－2 供应链运作参考模型建立的主要影响因素和流程**

资料来源：国际供应链协会，赛迪智库产业政策研究所整理。

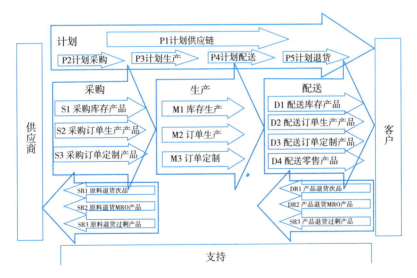

**图4－3 供应链运作参考（SCOR）模型示意图**

资料来源：赛迪智库产业政策研究所。

鉴于供应链管理涉及产业链条的采购（原材料）、加工制造、物流运输、销售及售后服务等环节，供应链管理适用行业领域非常广泛，制造业方面目前主要集中在家电、汽车、建筑、纺织、食品加工等领域。比如，海尔、美的、郑州宇通、一汽－大众等企业对供应链管理模式均进行了深入的探索。值得注意的是，根据不同行业的特点以及企业发展的模式不同，企业所采用的供应链管理模式也不尽相同，依据企业的生产销售模式，可以分为库存式、订单式、小规模定制化三大类别。

## 一、库存式企业构建供应链管理模式的实施路径

库存式企业构建供应链管理模式的首选是建立节约成本、物流准时主导的供应链管理体系。在解释库存式企业应用供应链管理模式的选择之前，首先应清楚库存式企业生产销售模式。库存式企业是指产品制造生产后经过先库存后销售模式的企业，企业首先会对下一阶段销售的主要产品进行生产计划制订，诸如主打产品、生产数量、配送分销等计划；其次核心制造生产企业将所需采购的原材料产品与供应商联系，供应商按照制造商所需提供生产材料；制造商制造生产成终端产品后，将产品进行库存或配送至分销商处库存，以待下一阶段的销售；分销商、销售商、制造商、供应商等之间存在退换货物等交易商品流。以家电行业为例，美的、格力等企业在生产销售的模式上是库存式企业的典型代表，只不过在库存方面有些许不同，美的选择将下一阶段销售的产品放在自己的库存中心，格力则选择将产品配送至分销商处，由分销商进行库存管理。

依据库存式企业的生产销售模式，可以看出在整个采购、制造生产、物流配送、销售服务等环节中，如何降低物流、库存成本，同时按时按需满足供给，是库存式企业构建供应链管理模式的关键所在。唯有通过核心企业或产业联盟，搭建起高效率、低成本的物流平台，才能有效推动库存式企业供应链管理模式的应用。

## 二、订单式企业构建供应链管理模式的实施路径

订单式企业构建供应链管理模式的首选是建立反应速度较快，柔性处理能力较强的供应链管理体系。订单式企业涵盖行业较多，如汽车、计算机等电子设备制造等等，订单式企业是指其产品制造生产及销售是根据订单需求来快速反应的制造销售企业。其生产销售环节为订单拉动式，顾客依据需求

下达订单，制造生产企业迅速做出反应，与供应商进行联系合作，配送所需生产材料；按照订单批量生产，产品配送及物流到达分销商及销售商；供应商、制造商、分销商等企业间保持一定的沟通反馈及材料退换等交流行为。戴尔、一汽－大众等企业是订单式企业的代表，其通过客户需求订单，快速与上下游企业进行沟通联系，高效率生产配送以满足不同的订单需求。

依据订单式企业的生产销售模式，可以看出在整个采购、制造生产、物流配送、销售服务等环节中，如何针对客户需求进行快速反应，保障高效率生产以满足客户需求是订单式企业构建供应链管理模式的核心所在。唯有通过高效的信息流、物流，才能满足订单式企业对客户订单需求快速反应的标准，供应链管理模式才有其实施的意义。

### 三、小规模定制化企业构建供应链管理模式的实施路径

小规模定制化企业构建供应链管理模式的首选是建立个性化、柔性化主导的供应链管理体系。小规模定制化企业是指制造生产规模较小，但高度个性化、精细化的产品生产企业，典型代表便是 C919 大型客机的部分零部件生产商。此类企业根据客户需求，在一定的时间范畴内，制造生产出客户所需的个性化、精细化的产品，但产品数量规模较小。依据库存式企业的生产销售模式，可以看出在整个采购、制造生产、物流配送、销售服务等环节中，如何满足客户的个性化、高端化、精细化要求标准，才是构建供应链管理模式的重中之重。因此，通过物流、信息流、资金流的融通，小规模定制化企业可以高效获取材料生产并配送达客户端，是其应用供应链管理模式的主要实现路径。

## 第三节　面临的问题与挑战

### 一、技术支撑能力的制约

影响供应链管理推广应用的首要因素是供应链技术支撑能力。想要将供应链上下游企业成员间的信息流、物流、资金流打通，构建起协同合作、风

险共担、效益共享的模式，需要强有力的技术支撑能力和信息系统平台建设能力。其次，企业内部的信息化发展水平也是制约因素之一。供应链上下游企业之间的信息化发展水平的参差不齐，会严重制约企业间协同发展的步伐，降低制造生产效率，增加供应链内企业成员的综合成本。

## 二、企业间协同合作壁垒

供应链上下游企业成员间协同合作是供应链管理的目标之一，但是当下制造业企业大多采用"大而全""小而全"的商业模式，企业倾向于自身服务解决问题，彼此间信任难以构建，信息流、物流、资金流实现流转更是难上加难。

## 三、消费升级引发外部环境改变

当前，消费升级带来的产品向中高端升级等外部环境的改变，特别是高度精细化与个性化的产品需求，导致传统的供应链模式不足以应对市场的改变。消费需求的多样化、高端化、个性化、精细化等趋势，均给制造业企业发展带来不小的压力。通过优化供应链管理，供应链上下游企业成员间协同合作，以消费需求为导向，才能打造新的竞争优势和经济发展动能，进而提高整个供应链条的经济效益。

## 四、专业管理人才供给不足

鉴于供应链管理在我国发展时间尚短，尚未形成有系统知识框架的教育培训科目，具有理论基础和丰富专业经验的高精端复合型人才供给不足。供应链管理的专业人才供给不足造成了供应链管理服务行业混乱的局面，"半路出家"的管理者缺乏扎实的理论基础和实操经验，很大程度上制约了供应链管理服务行业的发展，同时也为首先试水的企业带来了较大的投资风险。

# 第四节　供应链管理展望及政策建议

## 一、政府层面鼓励支持企业供应链管理创新升级

一是加大财政金融扶持力度，有条件的可以设立供应链管理专项基金，用以扶持中小企业进行供应链管理模式的构建与完善。加快提高制造业企业两化融合水平，设立企业设备更新升级、技术创新等专项基金，支持企业创新生产模式，通过提高供应链上下游成员企业的信息化水平，打造供应链管理模式推广及应用的基础。加大金融机构对企业应用供应链管理模式的扶持力度，创新针对企业进行供应链管理模式应用的扶持方式，采取低利息贷款等措施支持供应链管理服务的第三方企业，特别是供应链技术支撑企业的发展。

二是设立试点示范企业，开展供应链管理企业试点示范企业申请，在汽车、纺织、轻工、高端装备、有色等重点行业设立典型企业和运作模式，通过示范企业的生产效益提高和生产成本下降实例，扩大供应链管理模式应用的影响力，同时为行业内其他企业应用供应链管理模式提供学习模板。

三是大力发展供应链管理服务行业，发掘供应链管理服务行业对经济发展的拉动作用，加大供应链管理模式对供应链上下游企业成员的运行、生产效率的统计研究。规范化供应链管理服务行业发展，提升供应链管理服务企业的服务水平。特别是针对于分散性的行业，尝试通过第三方供应链专业服务机构进行供应链内企业整合，在提供信息流、物流等信息共享的同时，不断推进对企业间资金流转的专业化服务。

## 二、企业层面着重构建与发展供应链管理模式

供应链技术支撑能力弱是当下制约我国供应链管理应用及优化的主要因素，应采用三步走的战略逐步提升我国供应链技术支撑能力，为供应链管理的广泛应用奠定基础。一是加快提高制造业企业两化融合水平。实施"机器

换人"等专项行动，进行生产设备向高端化、自动化、智能化升级，为供应链管理和产业互联网的发展构建奠定基础。构建高效的信息交流平台和统一的软件管理系统。高效的信息交流平台是实现信息流共享的关键，统一的管理系统是实施互联互通的基础，供应链中的核心企业或供应链企业联盟应着重推进信息流互通建设，通过信息技术提高供应链上下游企业成员间协同合作的能力和效率。

二是注重物流与库存管理第三方服务业发展。物流方面，加大对基础设施建设的投入，促进第三方专业物流企业的发展，推广专业化物流服务，使制造业企业逐步走出"大而全""小而全"的旧商业模式。构建综合性物流体系，降低企业物流成本，提高物流运输效率。库存管理方面，在加快基础设施建设的同时，规范化库存管理的行业标准，鼓励高端装备、家用电器、工程机械、汽车制造等行业向产业链上游，轻工、纺织、有色、钢铁、医药、建材、石化等行业面向产业链下游，开展集成式采购、专业化仓储库存，不断提升第三方物流与库存管理的市场份额。

三是构建供应链战略联盟。通过整合核心企业或大型企业群的资源配置，建立起主要企业与配套企业协同发展、资源流动的供应链战略联盟，不断加深供应链上下游企业成员间的信任程度与默契程度，逐步形成分工明确、协同发展、规范标准、高效运作的供应链管理体系。供应链上下游企业实现信息共享，降低联盟内企业综合成本，提高供应链生产效率。

# 第五章　实施产品全生命周期管理

当前，我国正处在制造业转型升级的关键时期。随着国际市场竞争的日益激烈，我国作为全球制造业中心，向服务化方向转型成为制造业企业转型升级的关键。企业发展的中心正在从制造产品获取利润向满足客户需求，实现企业与客户双向互动的形态转变。作为服务型制造通用的重要模式之一，产品全生命周期管理是企业利用信息化手段提升客户价值的重要途径，也成为企业创新的能力基础。

## 第一节　产品全生命周期管理基本情况

### 一、内涵及演进

#### （一）概念的提出及发展

概念的提出。20世纪60年代，美国国防部率先提出了全生命周期成本的概念，力求通过增加研制费用以节省后面的使用保障费用，美国国防部认为，在武器采购时，不但要考虑是否买得起，更要考虑是否用得起。PLM概念由美国经济学家Dean提出，随后制造业的PLM研究开始于1985年的美国计算机辅助后勤支援（CALS）计划，美国国防部在该项战略性计划提出PLM技术支持并行设计、敏捷制造、协同设计和网络化制造等先进制造技术。

PLM的发展。20世纪80年代后期，PLM主要以设计、制造对象的产品全数据管理（PMD），90年代PLM初步形成了信息的阶段共享，但未能实现全系统内信息的集成和协同管理。进入21世纪，PLM技术开展逐渐成熟，管理范围从产品全生命周期数据管理扩展到资产、质量、环境、安全等管理里，将产品更改方案、问题反馈、客户建议等有价值的信息集成到系统管理和解决方案中。

（二）内涵

PLM 已经被世界级先进制造企业普遍所认可，主要应用于大中型制造类企业，特别是有些企业按照订单进行复杂的产品设计，设计工作量大、周期长，设计的产品可以实现复杂的工艺流程，PLM 发挥着更加重要的作用。我国的很多大型制造类企业也开展了对 PLM 软件的应用，并取得了初步效果，帮助企业提高研发效率，实现研发过程的协同工作，降低产品成本同时延伸了产品的服务功能。

普遍对产品全生命周期管理（Product Lifecycle Management，PLM）概念的界定是指，管理产品从需求、规划、设计、生产、经销、运行、使用、维修保养直到回收再用处置的全生命周期中的信息与过程，体现为对产品的全生命阶段进行管理的集成化系统，支持并行设计、敏捷制造、协同设计和制造、网络化制造等先进的设计制造技术。

## 二、国外发展现状

自美国 20 世纪 60 年代提出 PLM 概念以后，这一理论迅速向英国、法国、德国等国家的企业扩展，随后欧盟提出 PLM 是运用集成和协同技术实现企业信息化共享的新途径。各大公司也在这些基础上进行深入研究，衍生出各种基于 PLM 的产品数据管理技术，尤其是在大型设备的制造方面，PLM 成功实现了企业的服务化水平的提升。在全球大型制造企业中，70% 应用了产品生命周期管理系统。

通用电气（GE）基于 B2C 运作模式开展在线销售、在线设计、在线咨询等服务，促进产品生产与网络营销的一体化。GE 启动工业互联网战略，正是基于其在航空、医疗等领域的高端机器和设备的制造优势，这些硬件会产生大量的数据，通过将这些硬件接入互联网，使得物理资源优势转化成数据资源优势。GE 通过在硅谷建立自己的软件和分析中心，同时不断地收购整合其他软件公司的技术，大大增强了对数据的分析和处理能力。GE 将这些数据信息处理技术转化成工业互联网产品，以市场需求和行为为导向，致力于资产优化和运营优化，从而降低成本和提高生产效率。例如，GE 除进行发动机制造外，还对全球的航空公司和航空货运公司提供服务，通过利用飞机性能数据、故障预测、恢复和规划，来提高飞机的效率。GE 公司的设备目前拥有高达 1600 亿美元的服务合同，工业互联网产品的应用将为公司平均每台设备带来 3%—5% 的销售额增长，软件的销售额每年将增长 15%。GE 已构建起高端制造业的新商业模式，即向软件和服务化转型。

作为全球最大的飞机引擎和汽油涡轮机制造商，罗尔斯—罗伊斯（Rolls - Royce）较早地开展了服务化转型。飞机等大型设备的停工将给航空公司造成巨大损失。例如一架波音 747 飞机每天停飞的损失达到 30 多万美元，全球飞机保养维修费用超过 1000 亿美元。因此，提供设备持续有效运行的产品生命周期服务成为企业销售核心竞争力的重要体现。罗尔斯—罗伊斯把在线远程诊断服务作为产品服务合同的核心内容，建立了根据飞行时间进行收费的商业模式，基于新一代信息技术实现对飞机引擎的在线、实时、远程的智能化服务，目前服务收入已占其总收入的 50%。

OnStar 公司是美国处于领先地位的汽车安全信息系统服务商，1995 年开始，OnStar 成为通用汽车专属配置。装有 Onstar 系统的车辆可以随时获得车辆安全及信息服务，同时客服顾问也可以在全年全天候实施为消费者提供个性化的帮助，服务内容包括自动撞车报警、道路援助、远程解锁服务、免提电话、远程车辆诊断和逐向道路导航（Turn - By - Turn Navigation）等。

## 三、我国主要进展

我国 PLM 的研究应用相比发达国家呈现滞后，主要应用于机械、电子、航空航天和汽车等离散制造行业领域，同时逐渐延伸至服装服饰和快速消费品领域，甚至在钢铁、化工等流程行业也开始应用了 PLM 软件，实现对产品的工艺配方和工艺过程进行全周期的管理。近些年越来越多的企业对 PLM 的信息化管理展开了布局，正由单一产品售后服务向全生命周期管理模式转变。

——机械制造业。沈鼓集团是开展服务化转型较早的企业，公司在原来远程诊断中心的基础上，推出了沈鼓云服务平台，该平台于 2015 年正式上线，并且用户可以通过移动端随时了解产品运行的实时信息。沈鼓云平台收集和管理机组的设计、制造、工程、远程监测、检修维护等各类数据，并进行深入数据挖掘和管理，为用户提供包括故障预警、故障诊断、故障排除等专业服务，从而实现产品全生命周期服务和客户终身价值管理。目前已为石化、煤化工行业提供5大类27种机组预知性维修和诊断服务。

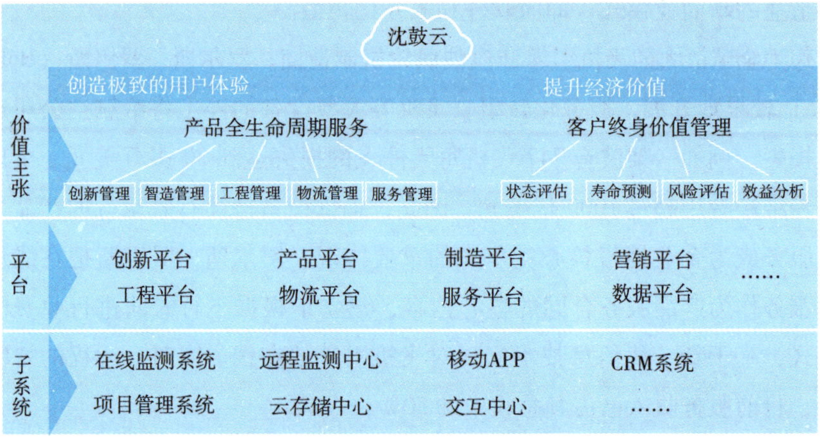

**图 5 –1　沈鼓云服务平台示意图**

资料来源：沈鼓集团官方网站。

——汽车制造业。传统汽车制造企业通过从提供汽车产品转向提供综合解决方案转变，从提供基础的售后服务转向提供基于汽车产品的全生命周期的服务转变，将有效促进汽车制造业的商业模式创新，从而加速传统汽车制造企业的转型。以陕汽重卡为例，一是建立天行健车联网服务系统，通过领先的车联网智能技术为用户集中输出车辆位置查询、车辆运行状态监控和车辆油耗、驾驶员行为分析、车辆运营分析等56种定制报表，提升用户精细管理能力，提供车辆管理、行车路线区域管理、燃油、货物管理、驾驶员管理、运营管理等多项服务。二是提供定制化的产品、服务、金融、后市场等综合解决方案，并推出了融资租赁解决方案等具有个性化的服务形式，再配合经销商、服务商、能源供应商、物流企业进行包括二手车服务在内的全方位的综合服务。

**图 5 - 2　陕汽重卡天行健车联网服务系统示意图**

资料来源：陕汽重卡官方网站。

# 第二节　产品全生命周期管理实施路径

## 一、产品在线监测/诊断

大型机组设备是工厂的"心脏"，企业构建基于互联网技术的大型设备远程在线监测及故障诊断中心系统方案，由远程客户数据采集终端、历史数据仓库服务器、监测诊断中心服务器组成，通过互联网全天候实时监测远程的大型设备的状态和工况参数，包括设备的工艺参数（转速、负荷、功率、温度、压力、流量等），包括用于诊断分析的设备振动波形、频谱、轴位移、胀差、偏心以及故障频率特征值等，打破企业和制造商设备管理中的"信息化瓶颈"，解决信息孤岛问题，方便、有效地广泛运用专家的经验和知识，促进大型设备的管理工作。通过建立运行监测中心、不间断应答中心等服务体系，对设备进行远程监测、故障诊断、远程维修、趋势预测等在线支持服务。

## 二、产品全生命周期设计

企业整合以产品数据管理为核心的产品数据平台和以 ERP 为核心的产供销服资源管理平台，减少中间环节，使所开发出来的产品更符合市场的需求。在产品性能和功能方面，可以发挥模块化和标准化的优势，在产品的表现形式和外部结构等方面尽量满足多样化和个性化的市场需求，从而实现模块化、标准化要求与多样化、个性化需求相协调。

## 三、服务外包和运营

制造企业将产品后期的信息技术服务外包给第三方企业或者独立的业务部门进行运营，利用专业的 IT 团队，对产品用户提供更加高效专业的信息技术服务，一方面降低企业 IT 运营成本，另一方面可以更加近距离地面向用户，提供更多的产品增值服务。

## 四、绿色环保服务

重点在家用电器、办公设备、医疗器械，以及部分机电化工类（发动机、蓄电池、轮胎等）企业，开展产品从生产到回收到再利用的工业流程设计，实现企业绿色生产和产品绿色消费。完善售后维修体系和旧件回收体系，开展回收及再制造、再利用等绿色环保服务。

# 第三节　面临的问题与挑战

## 一、企业发展理念上还存在不足

虽然我国很多知名企业重视产品的全生命周期管理，注重结合当前发展趋势实现企业的跨越式转型，但很多的企业仍需要提升对产品全生命周期管理的认识，尤其是企业的高层管理人员。企业通过开展商业模式创新，开展基于互联网技术的服务化转型，这些都离不开企业高层领导的关键作用。企业应准确及时把握行业技术的发展趋势，将产品全生命周期管理的思维融入企业的运营管理之中，积极寻求通过服务化提升竞争优势的模式。

## 二、系统开发与国外存在显著差距

在产品全生命周期管理方面，国外的研究已基本成熟，并在实际的软件系统中得到应用。尤其在工作流管理方面，国外开展的研究比较早和深入，制定了工作流的标准和模型，国外主流的 PLM 相关产品都支持此标准和框架。但国内的信息服务企业对 PLM 信息系统的构建与国外的框架差异较大，采用的技术差别也较大，一是建模能力差异很大，现有的过程建模工具不足以支持用户复杂的业务过程；二是对过程模型和对象模型的集成不够理想；三是对业务模型的相关研究不足；四是不能很好地支持国际标准。因此，我国很多大型的制造企业更多是倾向采购国外的信息系统服务，国产软件总体与国外还存在一定差距。

# 第四节　产品全生命周期管理展望及政策建议

## 一、展望

企业的市场竞争力往往体现在发掘与满足客户需求的过程中。目前，有25.1%的企业能够实现产品设计与工艺设计环节之间的业务集成，但仅有6.8%的企业能够实现产品全生命周期业务全面集成。未来，产品全生命周期集成覆盖范围将进一步扩大，要求全面集成水平不断提高，实现信息化环境下产品设计、工艺设计、生产制造的一体化关联管控和协同优化，成为开展产品全生命周期有效管控和高附加值服务的关键。通过完善的流程化管理和集成化的信息系统，利用在产品中增加智能传感器和嵌入式软件等新技术，实时监测和控制产品的运行过程，结合用户使用规划、维修资源、备件配置、人员位置等因素制定经济可靠的维护维修，以最低成本为用户提供最好的服务保障。在新的信息集成技术的支持下，PLM 的应用将进一步提高产品无故障率，减低维护维修成本，预测维修和绿色回收，进而全面提升产品的客户价值。

## 二、政策建议

### （一）鼓励企业构建 PLM 平台系统

对重点企业构建高度集成化的 PLM 平台系统给予一定的信贷政策支持，鼓励企业通过平台系统提升产品质量、提高顾客价值、提升企业竞争力，并能够服务广大中小企业，从而带动整体行业发展水平的提升。完善标准规范，支持机电产品再制造企业和相关机构建设公共服务平台。

### （二）支持国产 PLM 软件企业的发展

鼓励软件企业研发应用互联网平台和系统软件，积极对接国际标准，通过获取产品生产和使用全过程的数据信息，开展大数据开发挖掘，并提供协同管理、资源管理、数据服务等功能服务。

### （三）发挥重点企业引领示范效应

深入落实《中国制造 2025》《发展服务型制造专项行动指南》等一系列支持服务型制造模式发展的战略和政策，充分发挥发展模式领先的企业在行业转型升级中的引领示范效应，加大对新型模式的宣传、支持和推广，带动中小企业的服务化转型。

# 第六章  提供系统解决方案

当前，伴随全球新一轮科技革命和产业变革，工业和信息通信业领域的"系统解决方案"广受欢迎。由一家企业或一个企业联合体提供总集成总承包服务，在诸多细分行业都已成为最具竞争力的商业模式。总集成总承包服务的发展，主要有三方面动因。一是由于生产制造更加复杂化、智能化，要求加强产业链多个环节间、不同生产条线间、具体生产制造步骤间的协同管理，特别是采取统一的开发平台、技术标准和质量管理体系。二是由于装备、系统的运营维护与升级服务需求不断增加，所产生的附加值比重日益增大。总集成总承包服务商的"后续解决方案"产生了强大的市场竞争力。三是由于发展中国家的工业化、信息化进程加快，具备较好的市场需求潜力，但产业基础较为薄弱，迫切需要提供"一揽子服务""交钥匙工程"，在较短时间内一步建成具有先进水平的基础设施和工业生产体系。

发展总集成总承包服务，为客户提供系统解决方案，是《中国制造2025》"服务型制造"提出的核心模式之一。我国产业门类齐全，工程技术领域的基础研发、制造施工、服务管理人力资源充足，企业承接国内重大项目的经验丰富，在部分领域完全有能力参与发达国家的市场竞争；我国以"后发赶超"姿态探索出的技术路径、投融资体制、商业模式和管理方式，容易输出运用在其他发展中国家；"一带一路"倡议的互联互通理念，为我国输出总集成总承包服务、促进发展中国家间的产业合作，赢得了广泛的国际认同。因此，在"中国方案"中突出"中国优势"，是我国工业和信息通信业进一步增强国际竞争力的重要战略。

# 第一节 基市情况

## 一、基本含义、主要模式及特征

总集成，主要是产品与服务的集成、软件与硬件的集成。具体而言，根据行业特点和服务模式，又可包括多种细分的集成方式：（1）主体设备与辅助工具的集成，主要是生产制造的主体装备与安全保护、节能环保、质量监测等辅助功能设备、系统的集成。（2）流程再造与人员培训的集成。供应商重新设计客户企业的生产、运营管理方式，同时帮助企业对员工进行在岗培训，以适应新机制、新流程。（3）现场管理与远程支持的集成。客户企业接入供应商提供的一整套研发设计、生产管理系统，供应商在远程提供在线支持服务。（4）前期调试与后期改进的集成。供应商派出一个团队，从前期的安装调试工作开始，一直负责到生产运营后的纠错、改进。

总承包，基本模式是指客户与单一的整体解决方案供应商签约，完成方案设计（Engineering）、原材料和零部件采购（Procurement）和施工（Construction），即"EPC"模式。供应商可以是一家企业，完全由自己的组成部门、子分公司完成不同产品和服务，也可以将部分任务外包给其他企业；还可以是由多家企业组成的联合体，或者特定联合体的代理公司。在 EPC 模式基础上，为了满足客户的各方面需求，总承包商也可以只负责施工管理、监理、咨询，衍生出其他的总承包模式。承包方在建设完成后，有时还要负责一段时间的运营，而后将整个项目交给客户，即 BOT 模式（Build – Operate – Transfer "建设—经营—移交"）；在一些情况下，承包商还可能长期拥有项目的所有权，通过租赁等方式向客户提供服务，衍生出 BOO（Build – Operate – Own "建设—经营—拥有"）等其他模式。

总体而言，总集成总承包服务是为客户"量身定做"的整体解决方案，运用模块化的方式，提供设计、制造、融资、管理、维保、升级等不同服务搭配组成的"套餐"，并且实现了灵活多样的收益和风险分配机制。总集成总承包服务适应了全球化、标准化、智能化的人类文明发展演进潮流，促进全球范围内先进的技术、理念、模式在竞争中融合、在融合中创新，显著降低了市场交易成本和企业管理成本，应用前景十分广阔。

## 二、全球发展概况

在发达国家工业转型升级、全球产业分工调整过程中，美国率先实现制造业的服务化转型，产生了一大批解决方案供应商。其中，通用电气（GE）以构建工业综合解决方案提供能力为目标，逐步实现主营业务的多元化，形成了电气、航空、工业自动化、医疗器械等技术相通的制造门类，以及金融投资和租赁等服务支撑集团。GE 提供的重型燃气轮机、风机、电厂控制、油气管线设施以及工业生产线等各类解决方案，遍布全球各大洲。近年来，在与我国企业联合承担的一些总承包项目中，GE 主要提供关键设备、关键零部件和控制系统，仍掌控高附加值环节、系统集成核心技术，我国企业主要负责方案设计、现场施工、调试运行以及部分装备的制造环节。在信息通信业领域，美国一批知名企业也较早实现了由硬件、软件供应商向解决方案供应商的转变。国际商用机器（IBM）、甲骨文（Oracle）、思科（Cisco）、易安信（EMC）等企业，在企业存储和信息管理系统、网络通信设备、高性能计算与云计算、开发测试平台、人机交互系统、人工智能等领域，分别具备完整、独立的系统集成服务能力，以及基于行业需求、针对客户特定要求的定制服务能力。尽管近年来受到我国后发追赶企业的挑战，总体上仍保持领先地位。

日本在建筑施工的总承包方面，优势较为突出，具有较强的国际竞争力，特别是在材料预制、方案落实、现场管理、安全保障等方面，形成了一整套严密的管理体系。在轨道交通、船舶制造与海洋工程等领域，也具有较强的总承包实力，是我国在全球市场竞争中的主要对手。在装备制造领域，日本一些企业采取"母工厂"模式，注意将关键的系统集成环节牢牢掌控在手中。在信息技术领域，日本的系统集成企业受制于较高的人力成本，主要采取"承包——外包"模式，充分发挥了大企业的品牌效应。

德国发展总集成总承包服务的历史较长，基础雄厚。"工业 4.0"的一个基本特征就是工业智能化解决方案的总集成、大融合。与美国类似，德国也出现了西门子、博世、库卡等一大批优秀的解决方案供应商，具有强大的系统集成能力，在以汽车制造为代表的流程制造综合解决方案领域，处于世界领先地位，在工业节能减排、精密仪器与传感测控、新材料加工和应用等方面，能够提供技术领先、契合客户需求的高水平定制化解决方案。此外，法国在建筑、电气、航天、石油化工等领域，技术体系完整，拥有较强的总集成或总承包能力，在全球市场上具备较强的竞争力。

### 三、对我国的重要意义

第一，总集成总承包服务是我国规模经济优势转化和提升的重要途径。面对发达国家"再工业化"和发展中国家"加速赶超"的激烈竞争态势，我国发挥制造大国的规模经济优势，要从过去"产量大、成本低、加工施工快"的传统规模优势，进入兼具传统优势和"品种全、体系强、配套服务好"的产业集群型规模优势的新时代，与英、德、法、日、韩等工业体量较小、工业体系相对独立的发达国家开展正面竞争，真正突出重围。

第二，总集成总承包服务输出，是我国化解过剩产能、实现转型升级的必由之路。我国钢铁、有色、石化、建材等行业的国内市场已接近饱和，轨道交通、港口机械、海洋工程等行业的国内市场增长空间也愈发有限。只有通过总集成总承包服务，加快海外输出，才能将我国积累的技术资本更好地转化为经济效益。

第三，总集成总承包的模式，使得海外投资项目更为可控。我国已积累了大量的产业资本、金融资本，迫切需要到海外寻求投资机会。但从全球范围看，很多国家发生政治变乱、社会动荡的风险仍然较大，对外资的保护机制尚不健全。在投入大量资金的基础上，只有将核心技术牢牢掌控在手中，借助项目后续维护服务和升级的依赖性，才有底气"以不变应万变"，保护国家利益、企业利益。

第四，要巩固我国的国际比较优势，防范我国潜在竞争对手在一些关键领域的突破和赶超，就必须通过总集成总承包的方式进行全球布局，将其他发展中大国纳入我国主导的产业体系中。对于印度、印尼、越南等人口众多、发展后劲较强的国家，需完整输出我国的技术体系、管理体系，促使其接受现有的分工定位，始终保持技术代差和平台主导权，不给对方分领域、分环节逐步消化吸收的机会。

## 四、发展总集成总承包服务的重点行业领域

### （一）大型基础设施和电力工程

我国幅员辽阔、山川纵横，气候条件复杂多样，自然资源分布不均，开展大型基础设施建设的历史悠久，形成了浓厚的文化积淀。近年来，我国以国内需求为牵引，在大型基础设施建设方面的能力取得跨越式进步，特别是工程专用设备研发制造能力显著提升，应对复杂施工条件的能力增强，在海外开展总集成总承包的经验也更为丰富。未来。在高速铁路干线、艰苦恶劣自然条件下的普速铁路和各级公路以及城市轨道交通的总承包方面，我国应进一步巩固优势，拓展市场，带动国产装备"走出去"。在电力工程方面，我国已掌握了发电机组制造、电厂工程建设、远距离输电网络、大型变电站及终端输配电设施等一整套电力系统建造技术，可以为欠发达国家提供成本较低的国家电气化解决方案；在核电装备、电力系统智能化控制等领域具备优势，有实力进军发达国家的市场。

### （二）新能源、新材料加工与节能环保

绿色制造是实现系统性创新、提供系统解决方案的重点领域。我国光伏、风能发电的发展势头迅猛，形成了世界级的产业集群，未来完全有能力在发达国家进行新能源电站、分布式能源建设运营的总承包。在水泥、玻璃等传统建材领域，国内产能已经过剩，通过改造升级，可以掌握先进技术，未来在海外开展项目总承包，实现复制输出。在一些新材料加工领域，特别是增材制造等快速成型解决方案方面，只要补足软件短板，也能发展一批具有自主研发能力的解决方案供应商。此外，在机械、纺织、轻工等其他领域，工业成套设备的智能化、节能、减排、降噪等技术改造，也可以形成系统解决方案模式。

### （三）汽车制造和专用设备制造

在汽车、工业机器人等制造流程较长、工序种类繁杂的装备制造业，整

套生产流程的优化设计、软硬件集成和现场布置实施，是企业的核心竞争力组成部分。在工业化进程中，我国通过引进消化吸收再创新，已逐步具备了复杂制造系统领域的总集成能力，在虚拟制造等局部领域也逐渐追赶上发达国家。未来，应借助智能制造和工业互联网的部署应用，以及新能源汽车、智能网联汽车的发展趋势，进一步加快制造系统的全面升级改造，积累更多的项目实施经验，完全实现制造解决方案的自主化，进而参与全球市场竞争，到海外开展项目总承包。

**（四）港口机械、船舶及海洋工程装备**

我国进出口贸易的快速发展，激发了国内港口建设需求，带动我国港口机械行业快速发展。目前，我国已初步形成集重型起吊装备、自动搬运车辆、能源供应和物流管理系统于一体的智慧港口解决方案集成能力。承担海外既有港口的改扩建、零起点的港口建设，已形成良好的示范效应。在船舶和海工装备制造领域，我国也已具备了船体（平台）与控制系统的集成能力，未来有望形成面向深远海的资源勘探开发、科学考察及旅游解决方案产业。

**（五）航空航天**

航天解决方案是开展国际合作的标志性项目之一。我国成功帮助一些发展中国家完成了卫星发射，未来有能力对外提供基于空间站的载人航天服务。基于北斗系统的网络通信、定位服务整体解决方案，也将进入更多国家的市场。在航空产业，特别是商用大飞机等领域，我国应将龙头企业发展为兼具基础研发测试、关键零部件制造、关键系统开发和系统集成能力的综合制造商，在一些发展中大国投资建设飞机制造厂，实现飞机制造产业的全球布局，逐步具备与发达国家进行体系竞争的能力。

**（六）信息技术及智能化应用**

在我国信息化的大潮中，通过激烈的市场竞争，我国涌现了华为公司等提供信息通信解决方案的企业，探索出了自主化的技术路径、适应全球化运营的商业模式和内部管理体系，具备与发达国家在全球市场角逐的能力。一批软件企业也形成了企业信息管理解决方案的发展模式。未来，在信息化社会向智能化社会演变的进程中，信息技术解决方案企业将转型升级为智能服务企业，提供智能化整体解决方案。特别是智慧城市、智能交通、智能建筑及家居全面互联的智能化物联网软硬件体系，以及人工智能技术和终端应用工具相结合的分布式远程智能服务系统，市场需求空间巨大，将孕育一批总承包总集成服务商。

### （七）农业设备、食品加工与冷链物流

绿色食品是农业和食品加工业发展的必然趋势。我国已有一些食品企业向上下游延伸产业链，打造了"从田间到餐桌"的一体化供应链。未来，这一供应链还要加入更多信息技术元素，形成可追溯能力，并与智能化的农业机械、食品加工及包装机械、冷链物流系统相结合，形成绿色安全食品解决方案产业。我国食品加工业要走出国门，进入广大发展中国家甚至发达国家的市场，就必须通过一整套解决方案，以整条供应链总集成总承包的方式，确保食品安全卫生。

# 第二节　实施路径

## 一、完善利益共享与协同创新机制，实施跨行业联合承包

开展总集成总承包服务，关键在于集成创新。要突破传统的行业界限，打破既有的产业定义，共享一部分关键技术，形成行业交叉、技术互通的融合式创新路径，催生新业态新模式。这样，才能充分发挥我国产业门类齐全、不同产业链在地理空间上高度集聚的优势，形成世界级的产业集群。要敢于探索不同行业企业之间的合作方式，联合拓展海外市场，在利益共享机制上勇于创新，走出一条区别于发达国家的海外发展道路，由单一资源开发型、政商关系依赖型的商业模式，转为问题导向、合作共赢、生态友好、惠及民生的海外工程总承包价值目标体系。面对东南亚、南亚、非洲南部等人口众多、经济发展基础薄弱的地区，要输出中国发展理念，提出"中国式产业发展解决方案"，实行"工业园区总承包"制，完成从基础设施到生产设备的一揽子建设工程。

## 二、强化技术标准体系主导权，形成系统兼容能力

开展总承包总集成服务，必须以自主可控的技术标准体系为基础，依托成熟完整的开发平台，实现制造和服务的体系化。然而，由于我国在工业化、信息化的进程中起步较晚，在诸多领域难以从零开始形成一套完整的技术标准体系，只有先被动接受由发达国家主导的技术标准体系。开发一套我国独有的技术体系，也面临可靠性、兼容性和用户经济性等问题。未来，在现有的工业和信息通信业细分领域，我国企业只有付出更大的努力，研发和运用一套既兼容我国自主制式，又兼容其他国家既有制式的工业技术体系，才能实现真正的赶超；同时，抢先布局以下一代互联网、物联网、智能网联汽车等为代表的、具有平台效应的技术标准体系，依靠我国的市场空间优势，使我国主导的体系成为国际主流。

## 三、加强国际知名品牌建设，提升全产业链附加值

开展总承包总集成服务，要切实提升利润空间，就需要更多依靠知名品牌的作用，让客户充分信任中国标准、中国质量、中国工艺，真正放心地把一整套工程交给中国企业。由于中西文化的差异，中国本土品牌在进入以英、法、西等欧洲语言为官方语言的发展中国家时，必须进行适当改造，增强品牌的本地特色，加入当地人容易理解的文化内涵。对于已有的国际知名品牌，要充分发挥品牌的附加值，通过相关领域的多元化，形成全产业链的品牌效应。特别是在软件和服务环节，品牌的附着度不如实体产品，必须将品牌与体系架构、设计理念、服务态度、客户体验等"软要素"密切结合，进行模式创新。

## 四、运用共性技术和通用解决方案，控制项目成本

从解决方案提供商内部的视角看，总承包总集成服务要实现可持续的盈利，面临的最大挑战是产品和服务的模块化，即把用户的个性化需求尽可能分解为标准化模块组合而成的"套餐"。具体而言，就是要找到共性技术、通用解决方案，积累一批具有较强适应性、多样化组合能力的"关键模块"。只

有通过这一方式，企业才能反复运用已有成果，将新项目的总成本控制在合理水平，最终赢得与各细分环节专业化供应商之间的竞争。对我国企业而言，由于国内市场空间巨大，且区域、城乡间发展较不平衡，客户需求类型众多，是挖掘全球市场上共性技术、通用解决方案的最佳土壤。必须抢在国外竞争对手之前，完成国内市场布局，敢于做"薄利"项目，甚至做部分"亏本"项目，从而找出市场规律，完成必要的技术储备和能力构建。

## 五、重视全能型人才培养，促进高层次人力资源输出

总承包总集成模式的管理，对于企业关键岗位上的人才提出了更高的要求。要统领一个大型项目，管理者就必须兼通硬件、软件与服务等知识体系，深刻了解市场需求与技术供给的最新动态，熟练驾驭团队组建、工程管理、市场营销、资金融通等不同任务。从实践经验看，只有为数不多的企业，能够合理调配人才，通过轮岗等方式选拔培养一批全能型骨干人才。未来，我国应发挥产业集聚的优势，进一步激活人力资源市场，鼓励企业间正常的人才流动，让更多优秀的年轻人才，有机会尽早积累跨行业、多职能部门的工作经验，最终对外输出一批驰骋于国际市场的中国职业经理人，使国际市场上的"中国方案"永远离不开"中国团队"。

## 六、谋划全球服务网络布局，实现就近定制服务

要提供契合用户需求的解决方案，必须深耕市场，提高对新需求的响应能力。随着海外项目的增多，后续服务也要求增设贴近客户的服务站点。建设全球服务网络，是发挥我国人力资源优势，深入各国市场、提供解决方案定制和全方位服务的必然选择。在大多数行业，从零开始建设海外服务团队，已难以跟上全球产业变革的步伐，也不适应我国各产业赶超发展的需求，容易落在竞争对手之后，陷入被动。为此，我国企业需利用好当前的高增长态势，转化形成市场融资便利条件，补充投资所需资金，增大海外并购力度，将一些成熟的企业、团队"打包收编"，尽快融入到我国主导的产业体系中。在一些产业体系不完整的国家，甚至可以将相关行业的制造、服务团队吸纳进来，转化成具有就近定制服务优势、符合企业主营业务要求的服务能力。

# 第三节  面临的困难与挑战

## 一、部分产业领域一些关键要素仍受制于人

尽管我国已成功开展诸多领域的海外项目总集成总承包，但仍需看到，相当一部分领域只是完成了"表面的自主化"。一些研发平台软件仍然控制在发达国家手中，我国企业难以掌控"技术体系升级"所需的"平台升级"主动权，提供长期、全面解决方案的底气不足。一些生产装备的装备，即"工作母机"普遍还是由发达国家提供。一些关键零部件、重要材料的加工技术还未突破。一些重要的国际专利等知识产权被发达国家抢先布局，增大了相关的法律风险。总之，能够"集天下之大成"、处于全面领先的中国企业军团，还有待进一步培养壮大。

## 二、发达国家的技术积淀和品牌信誉优势仍然明显

我国在诸多产业领域的实际技术水平已经接近发达国家。然而，由于客户的思维惯性、传统合作关系等因素的存在，要全面取代发达国家传统优势企业的地位并非易事。尽管我国企业提供的解决方案性价比普遍较高，在客户眼中"大方案好而小问题多"的偏见仍未完全破除，迷信美、日、欧的怪圈有待打破。对此，我国企业需要正视发达国家企业在工业文化积淀、品牌历史资产方面的优势，对已取得的成绩戒骄戒躁，持之以恒地寻找细节方面的差距，以低调务实的姿态，补上最后的短板。

## 三、我国特有的文化传统、制度环境在海外难以复制

尽管我国围绕大工程形成了一些"国家名片"，具备全球领先水平，但我国举大国之力、建设大工程的做法，在全球范围内的可复制性并不好，模式输出面临诸多困难。在多数情况下，制约我国企业在海外开展总承包总集成的最主要因素，是目标市场国难以达成高度统一的政治决策，凝聚足够的人

力、财力来投资大项目。在未来一段时间，这样的困难形势也难以改变。企业只有把国内、国外市场统筹起来考虑，不放过国内市场的任何潜在机会，等待历史机遇对海外市场的重塑。

## 四、全球各国对于国家安全、产业安全意识普遍增强

近年来，由于全球经济总体复苏缓慢，区域政治经济风险叠加，再考虑到新一轮产业革命带来的就业总量和结构冲击，很多国家纷纷将本国民众就业放在经济政策的重要位置。对于来自外国的总集成总承包项目，如果不能有效增加当地就业，往往容易受到反对。对此，企业应尽可能找到本地的合作伙伴，采取股权合作的方式实现互利共赢。同时，做好宣传舆论导向工作，对发达国家，要进一步消除"中国威胁论"的影响，使之接受中国作为全球产业大国的地位。对发展中国家，要使政府、民众和企业普遍意识到，封闭是落后的根源，只有开放包容，才能缩小与全球先进水平的差距，在发展过程中提升本国独立自主发展的能力。

## 五、"以市场换技术"限制了后续的市场开拓

我国"以市场换技术""引进消化吸收再创新"在一些行业的成功，也引起了国外有识之士的关注和研究。未来，当我国对外输出整体解决方案时，需要面对的"以市场换技术"要求将进一步增多。如不开拓新业务板块、新产业发展路径，我国企业将难以持续开辟后续市场。这就要求龙头企业不断创新，创造新需求、打开更多市场，始终保持领先地位。与此同时，企业在"以技术换市场"时，需要注意"软实力"的保留，将关键人才、知识库、经验数据留在国内，做到"交方案、交图纸、不交诀窍"和"教施工、教制造、少教维护"。

# 第四节 展望及政策建议

## 一、全面提高经济外交和产业国际合作能力

突出经济交流特别是产业交流在"全方位外交"中的地位，以构建人类命运共同体、促进"一带一路"国际合作和推动建设开放型世界经济为主线，借助我国对外合作与援助机制，在非洲、东南亚、拉美、东欧分别树立一两个率先全面吸收中国各产业领域解决方案的"中国伙伴""中国模板"典范国家，提升其在区域经济中的地位，从而以点带面，引发周边国家效仿，进一步打开"中国方案"的市场空间。遵循国际惯例，培育以民间商会组织、民营企业、优秀企业家为主体的民间外交能力，淡化我国对外总集成总承包项目的国家政策色彩；在"中国方案"下，吸纳更多的"国际元素"，特别是我国目前较为缺乏的部分技术、原材料和高端人才，实现互利共赢，争取国外高端智库、民间组织和普通民众对中国解决方案出口的支持。

## 二、统筹协调工业和生产性服务业的产业政策

针对跨行业集成融合的新发展需求，构建一个涵盖制造业与建筑、交通、能源等产业领域，统筹工业和生产性服务业形态的"大工业"管理体制。增强工业和信息通信业产业政策的权威性、跨行业适用性，特别是加强产业政策对科技政策、质量标准政策的约束力。探索国内供给侧结构性改革与国际产能合作的统筹协调机制，提高宏观政策的微观可操作性。进一步总结"营改增"改革取得的成果与不足，谋划进一步降低制造业税率，实现制造与服务的均衡发展。针对可能涉及不同税种、税率的工程项目，探索适用最低税率的具体方案，避免双重征税。

## 三、完善区域协作、产学研合作机制

进一步凝聚区域合力，突出不同区域在我国总集成总承包模式中的分工。

将京津冀区域建成国际展示展销、大型项目洽谈、对外投融资、精益制造、节能环保基地示范紧密结合的国家工程管理与建设实践示范区。将长江经济带建成以集成电路、新能源、汽车和工业机器人为主导的,全球领先的规模化制造体系解决方案示范区。将粤港澳大湾区建成集智能制造、仿真测试、快速敏捷设计定制、智慧城乡服务于一体的智能化解决方案产业集聚区。以各区域主要定位和特色为导向,合理分配高校等研究机构资源,促进产学研合作机制创新。推动一批高校探索在建设管理、工业工程、管理科学与工程等相关学科的研究生阶段教育中,设立系统解决方案研究方向和课程,加快高端全能型人才培育。

## 四、充分发挥试点示范效应

总结服务型制造试点示范项目评审工作经验,优化评审流程,更加全面地定义总集成总承包服务,鼓励更多行业企业尝试提供系统解决方案,在非传统意义上的解决方案行业尝试垂直一体化模式。在评选中注意适当向西部和东北地区、向中小企业倾斜。鼓励欠发达地区企业通过总集成总承包和外包服务,摆脱固有劣势,实现突破发展。侧重评选一批在海外成功推广"中国方案"的企业,加大我国服务型制造试点示范项目的海外宣传力度,特别是在后发工业国家的宣传,吸引一大批国际友人来华参观。

## 五、提供全方位金融服务

适应解决方案输出、软硬件结合的需要,探索金融产品和服务方式创新。在对外投资和外汇审批中,一要大力支持并购海外竞争对手、放大全球规模效应的企业,二要重点鼓励并购海外专精特新企业或老牌优势企业、弥补缺失环节和短板、提高整体解决方案提供能力和技术研发体系自主化能力的企业。促进大企业与小企业的融资条件公平化,从而鼓励小企业在总承包商的带动下"抱团出海"办大事。发挥开发性金融在重点项目中的作用,从拓展"中国方案"海外市场的战略高度,看待"第一单"的经济价值,重点支持企业海外项目的阶段性融资需要。鼓励海外中资金融机构配合国家战略,在具有标杆意义的项目中,以投贷结合等方式,为客户提供优惠的融资条件,树立中国金融"关键时刻助推""抛砖引玉"和"点石成金"的创新理念，实现"中国资本"与"中国方案"携手"走出去"。

## 六、探索新型知识产权保护体制

结合总集成总承包模式日益普及的趋势，探索建立新型知识产权保护体制。既要保护各环节原创者的基本权益、合理回报，也要肯定总体集成创新者的价值创造，形成一套鼓励集成创新、保护集成创新的体制机制，特别是从品牌、设计、方案、示范项目等层面界定集成创新知识产权。着眼产业链关键环节，制定核心技术目录，防止核心技术向外转移，形成一批牢固掌握在我国企业手中、能够掌控整个解决方案的"钥匙"。

# 第七章　网络化协同制造

## 第一节　基本情况

从经济运行周期看，中国经济发展步入新常态，保持经济中高速增长，产业趋向中高端水平。制造业是支撑和影响一个国家经济的关键领域。数据显示，2015 年，中国制造业产值占规模以上工业总产值 76.5%。[①] 2016 年，制造业（第二产业）增加值为 296236 亿元，约占全国 GDP 的 39.8%，制造业固定资产投资为 187836 亿元，占当年全国总投资 596501 亿元的 31.5%。[②] 随着网络产业的发展，互联网与制造业渐次融合和深度渗透，网络化协同制造应运而生。网络化协同制造是指基于协同理论，针对市场需要，充分利用网络技术和信息技术，把分散在不同地区的现有生产设备资源、智力资源和各种核心能力，按资源优势互补的原则，组合成一种网络联盟企业体，以便推出高质量、低成本的新产品的一种先进制造方式。在协同制造理念下，企业生产运营的各个阶段并行、协作进行，其企业信息化管理技术由协同平台统一管理，互相配合、资源共享，并行地完成各项工作的协作。这种模式贯穿了产品全生命周期各阶段，实现信息集成、过程优化、经营优化及资源优化，因而将物流、资金流和信息流有机整合，实现人（组织、管理）、经营和技术等要素的集成，以缩短企业新产品开发时间、提高产品质量、降低成本、改善服务，从而提高企业市场应变力和竞争力，最终促进全行业与市场的进步。

---

① 国家统计局工业司：《中国工业统计年鉴 2016》，中国统计出版社 2017 版。

② 国家统计局：《中华人民共和国 2016 年国民经济和社会发展统计公报》，2017 年 2 月 18 日，见 http：//www. stats. gov. cn/tjsj/zxfb. /201702/t20170228_ 1467424. html。

从概念上看，网络化协同制造是信息技术与制造业的有机组合，彰显着服务型制造的微观表达，是供给侧改革的经济实践应用。网络化协同制造实为一种精益经济生产模式，实现了制造业理念三大变化，即由集中生产向网络化异地协同生产转变、由传统制造企业向跨界融合企业变革、由生产导向转向消费导向。作为一种新经济趋势，网络化协同制造体现了要素资源配置方式的革新与变迁，意味着社会制造的组织重构；作为一种经济实践，它充分表明制造业的结构升级与新陈代谢，是新一轮科技革命和产业革命的核心内容。从某种意义上，网络协同制造是一种反减速的经济转轨，以此维系经济质量的增长速度。随着网络协同制造的运行，引起生产要素的流动，即劳动力、资本和技术。从宏观层面看，表现为经济增长和产业结构变迁，从微观层面看，显示出企业规模的空间组合格局的变动。协同制造是一种企业共生现象，它离不开政策介入与协同参与者的实践行为。

从产业演化角度看，随着社会分工越来越细，产业部门增多，部门间的资本流动、劳动力流动、商品流动等联系越来越复杂。资本和劳动等要素虽然是经济增长的重要条件，但并非必要条件。因为资本和劳动所产生的效益在很大程度上还取决于企业间的技术协同。网络化协同制造标志制造业内部结构发生质的变革与转换，进入新的发展阶段。这是工业化与信息化的融合应用，亦是对传统生产业态的一种创新。它预示着空间集中式生产向分散性协同生产模式转型。协同制造表达了这样一种经济理念：市场行为群的价值大于各行为者组成部分价值的简单加总。

从市场主体发展角度看，这种生产形态要求企业与时俱进地采用先进生产理念、设计、技术、管理方式来提升效率，以增强市场竞争力，占领市场空间。整个协同企业是一个网群，由若干具有产品配套关系的企业构成，每个企业仅是其中的一个网格。经验表明，对现代企业而言，并不需要在产品和生产过程的所有领域拥有竞争力，企业在生产和研发过程中应当充分利用市场化的专业能力，找准自身的比较优势。本质上，体现了一种组织新组合，特别是企业的关系契约。这种稳定性关系契约，有助于形成连续性合作，进而抑制机会主义行为产生，消解企业生产的不确定性，并降低企业的市场风险，实现彼此的利益均沾。

在实践层面，这种网络联系既可以是纵向的，是从供应商到消费者的产品流，存在于企业内部价值链或企业间价值系统中。同时，也可以是横向的，即在有关的规模战略中，相似的竞争性产品联合起来分享生产或流通中的公共资源。这些协同形式嵌入到设计、生产、运输、加工、交易到消费的全流程。网络的核心特征在于商业活动中的企业协调，它强调网络化和外部组织的生产无缝对接而非一体化。在协同制造具体实践过程中，形成性格迥异的模式。从商业特征看，体现了一种在线化、碎片化、个性化、去中心化。这种制造模式将网络技术、信息技术与制造技术进行有机结合，构建基于网络的面向企业和用户特定需求的制造体系，并在技术的支持下，打破地域空间对企业生产经营范围的约束，开展覆盖产品全生命周期全部或部分环节的企业业务活动，基本实现价值链和产业链企业间的协同、共享、集成、高效、高质量、低成本地为市场提供所需的产品和服务。可以看出，网络化协同制造具有较好的生产协同效应、经营协同效应、技术协同效应和管理协同效应等。

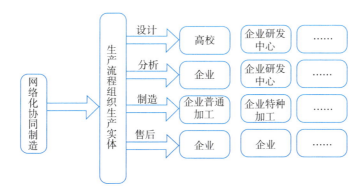

图 7 - 1　网络化协同制造

## 第二节　网络化协同制造实施路径

### 一、单一产品协同制造模式

单一产品协同制造是指企业间就某种特定产品合作关联的生产模式，特点在于合作产品生产流程与构成复杂、周期相对较长，强调产品单一化和标准化特质。这种模式的本质在于以订单需求作为起点，因而比较常见于重机械行业，以飞机、船舶业最为典型。其基本思想是：通过运用信息化等系列高新技术，整合不同企业产品设计、制造与运营等过程，把产品生产转为为特定客户定制任意数量的产品。优势在于充分挖掘企业既有要素资源，强调企业市场的有效性，具有网络性、系统性、柔韧性、追溯性、服务性等显著特性。通过协同式有限元分析进行现场结构修改，强化设计与现场的关联与协调度，进而提高生产效率和产品质量。通过应用信息化集成系统对产品进行开发设计建造和管理，将流程标准化、持续优化，使产品设计与制造信息化、协同化。从某种意义上，体现出一种适应型定制特色，即先服务、后制造，根据买家设想，企业协同生产实体产品。在既有信息条件下建构网络—实体融合架构，通过适应于各类用户需求的评估、分析、预测和优化体系形成更具高附加值的产品制造、使用、管理、物流等面向全生命周期的产业链。

## 二、大规模定制协同制造模式

大规模定制协同制造是指对定制的产品和服务进行个别的大规模生产，它把大规模生产和定制生产这两种生产方式的优势有机地结合起来。其特点在于"集合手工生产和大批量生产的优点，同时又避免了手工生产的高成本和大批量生产的单一化……利用具有多种技能、处于各个水平的工人组成的团队，使用高度灵活、自动化程度不断提高的机器生产不同种类的产品"[1]，核心是产品的多样化与定制化增加，同时成本不增加。企业以客户需求为生产起点，以柔性制造为技术支持，以模块化设计为基本保障，从而有效地降低库存成本、产品改型成本、准备工作成本、定制和配置成本、营销服务成本等过程成本，从而缩短产品的交货周期[2]。优势在于为企业提供战略优势和经济价值，因为这一模式能"更大限度地满足不同消费者的需求……同时降低企业成本"[3]。这一模式基本思想在于：通过产品结构和制造过程的重组，运用现代信息技术、新材料技术、柔性制技术等一系列高新技术，把产品的

---

[1] ［英］彼得·马什：《新工业革命》，赛迪研究院译，中信出版社 2013 年版，第 65 页。

[2] 熊明华：《大规模定制生产与标准化》，《经济论坛》2004 年第 1 期。

[3] 高峰、谭卫东：《制造业的革命——大规模定制生产》，《商业研究》2000 年第 6 期。

定制生产问题全部或部分转化为批量生产，规模生产的成本和速度，为单个客户或小批量多品种市场定制任意数量的产品。其本质和核心就是使企业更快更好实现跨空间经营，使企业产品更好满足消费者的个性化、多元化需求，促进企业在规模生产与个性生产间的平衡。与大规模生产相比，获得具有显著的差异优势、市场优势和速度优势。[①]

## 三、小批量定制协同制造模式

小批量定制协同制造，又称适应型定制生产。在实践中，一般适用于类别多样且难以大规模批量生产的产品企业。协同制造的企业产品通常为客户的关键设备且能够适应客户的特定性生产环境。因此企业通常给用户提供一种标准产品，由于产品运用诸如嵌入式系统等智能系统，所以产品具有一定的自适应能力。除标准化的产品模块之外，企业还提供备选模块，用户可根据实际生产要求来选择性调整。这一模式优势在于按照不同的标准，结合企业生产模式，从容易形成流水线的、批量较大的产品入手。这种模式比较常见于那些需要与众不同以满足个体化需求的产品。从工作原理看，这一模式挖掘技术的集成嵌入、智能装备的应用、生产线的数据采集与分析，进而推进以实现个性化订单处置，体现了差异化战略。实践发现，这种模式通常根据各道工序的复杂程度和作业时间来划分生产节拍，均衡化生产，同时采用前道工序准时、按需向后道工序提供零件的协调型生产方式，控制零部件等中间产品的库存量，减少不必要的等待时间，提高生产效率。这种模式在服装行业已有代表。规模定制精准、高效、一次性满足客户的个性化定制需求，为服装经营企业提供服装定制的全程彻底解决方案，高端信息化定制工厂生产标准号成衣的优势更加突出，更适合小批量多品种的生产、交货期更短、补货更及时、质量更稳定、工艺满足能力更强。

---

① 生延超：《以定制化服务塑造酒店企业的核心竞争力》，《天津商学院学报》2006 年第 3 期。

## 第三节  网络化协同制造的困难与挑战

### 一、协同主体准备不足

制造业主体，特别是国内中小企业面临协同通病，突出表现为：一是企业发展实力不均，制造配套服务面临功能性短板。供应商的零部件供给质量与速度存在非同步，影响产品制造进度或偏离标准。二是企业技术装备有待提高。实践表明，现代工业制造控制系统包括过程制造、数据采集、程序逻辑控制等相对薄弱，影响了企业协作制造。正如前文所述，只有实现产品整个生命周期多领域的协同合作，才能帮助企业向"协同制造服务"转型。这种转型离不开智能化信息装备。三是管理能力和企业信息化程度相对偏低。证据表明，协同制造需要企业组织架构扁平化、管理精细化、运行透明化。但是由于这些软实力的制约导致企业组织内部以及企业之间的协同效能难以发挥最大效能，影响企业协同运作绩效和效率。中小企业信息获取与处理知识、方法与技能存在薄弱环节。四是产业链企业间协作整体松散。同时还存在各区域间难以交流和协作、协同信息化建设滞后等问题。调研发现，目前国内制造业在数字化制造系统、信息化协同设计等应用层面整体比较欠缺，行业竞争力还有较大的提升空间。

### 二、网络环境存在结构性短板

虽然国内互联网建设得到长足发展，但网络设施（包括硬件设施和软件设施）存在结构性缺位。具体表现在：一是侧重消费服务的互联网暂难满足制造业生产性需求。当前中国互联网服务主要是侧重消费型，重在用户体验，发展的模式也是重市场开拓，轻资源和技术的研发与整合，这种互联网基因与企业协同制造需求存在较大差异。二是核心技术仍是制约中国互联网与制造业融合创新发展的关键。大量核心技术如制造业操作系统、大规模集成电路、网络传感器、制造业机器人、工业控制器、高端数控机床、高端工业软件等仍严重受制于国外厂商，制造企业在开展创新应用模式的时候往往受到技术瓶颈约束，由此导致中国制造业深度应用互联网受限，网络化、智能化的生产组织能力薄弱。三是制造业企业信息化水平参差不齐，很难形成通用的融合创新推广路径。中国大部分地区和行业仍处于以初级或局部应用为主的阶段，且不同地区、行业及不同规模企业间信息化水平差距明显。按照德国"工业4.0"战略的划分标准，相当一部分企业还处在工业2.0的阶段，尚需补上从工业2.0到3.0的发展差距。从"中国制造"向"中国智造"转变仍然有相当长的路要走。四是互联网与制造业融合供需双方存在认识差异。因行业差异与专业壁垒影响，作为供需双方的制造企业和互联网服务企业对互联网认识存在不同。一些制造企业或对互联网创新理解不够，缺乏开放共享的精神和自我变革的勇气，或对互联网思维认识盲目，迷失于各种似是而非的概念。部分互联网企业对制造业领域创新需求的理解和挖掘也不到位，或故步于消费者端琢磨"眼球经济"，或因缺乏对制造业生产的足够认识而"不接地气"。五是支撑创新转型的旧体系改造和新产品推广的专业服务不完善。如何在保证安全可靠的前提下将既有生产运营、管理体系更好地与互联网结合，是传统企业互联网化转型中普遍面临的问题；此外，相应的标准体系目前在行业上下游间暂未统一，接口困难，各方自行推动的标准建设带来较高的重复建设成本，相关的政策法律也有所缺失。①

## 三、物流体系有待进一步改善

目前国内零部件企业在供应链管理模式上存在许多问题。如准确的销售预测极为困难，实际波动可达数倍；关键的进口部件采购提前期较长，远大于实际要求的计划提前期等，造成包括物料需求计划在内的生产计划，在方法准确性上难把握。现实中往往依赖经验和超常决定生产和采购计划，直接导致供应链的成本高达总销售额的5%—20%；库存水平经常保持在3—5个

---

① 中国信息通信研究院：《"互联网＋"协同制造激发中国智造创新活力》，2015年7月24日，见 http://www.cttl.cn/tegd/zhcyj/201507/t20150724_2119879.html。

月；生产计划与生产能力及部门之间的冲突等。[①]

处在同一条供应链上的企业相互之间需要支持和帮助，但由于不同企业的利益需求以及经营理念不同，各个企业之间在业务流程上的对接存在现实挑战。企业之间的业务流程协同存在障碍。同时，也存在差别化信息化水平，由于"短板效应"的存在，使得整个物流系统的效率得不到提高，并且成本居高不下。根据国家发改委《2016年全国物流运行情况通报》显示，当年社会物流总费用11.1万亿元，占GDP比率为14.9%。[②] 物流成本居高不下一直构成制约中国制造业转型的现实障碍。统计显示，中国物流成本占产品成本的比例在30%—40%，而发展中国家一般为15%—25%，发达国家更是低至10%—15%。据波士顿咨询公司估计，目前中国制造业平均成本只比美国低5%，预计到2018年，美国制造业成本将比中国便宜2%—3%。[③]

## 四、市场风险挑战协同制造

与传统制造一样，网络协同制造服务业存在大量市场风险，根据风险源的差异，可将其分为两大类型，即绩效风险和关系风险。

绩效风险是指在充分合作的情况下产业链企业仍无法达到预期目标的现象，这种风险来自企业主体外部因素，比如市场环境、产业政策、消费风俗、制度环境等。随着产业链的不断扩大和全球经营环境的日益复杂化，产业链的内部和外部环境随时会发生许多意想不到的变化，未来事件和各成员企业对这些事件的反应的不确定性越大。所以，产业链常常具有关于各成员企业将来行为的不确定性引起的内在不稳定性。这种不稳定性导致产业链企业有时无法或难以实现预期的目标。另外，产业链作为一个整体，网链的效率取决于链上效率最低的一环，如果产业链的成员企业没有足够的能力完成相应的功能，那么这个能力最薄弱的节点企业限定了网链整体的最大通过能力效

---

① 中国机械工业联合会：《引领制造业智慧升级》，2012年2月23日，见http：//www.mcsp. net.cn/IdstryNews/Detail.aspx? id=98。

② 国家发改委：《2016年全国物流运行情况通报》，2017年，见http：//www.ndrc.gov.cn/jjxsfx/ 201703/t20170309_840688.html。

③ 前瞻产业研究院：《物流成本居高不下物流自动化装备前景可期》，2017年7月24日，见ht- tp：//finance.jrj.com.cn/2017/07/24154522789474.shtml。

率，成为整个产业链的"瓶颈"，整个产业链的运营只能跟着瓶颈的节拍前进，不得不放慢，造成大量资源的浪费。

关系风险主要源于产业链伙伴合作间的交易风险。[①] 这种风险集中分为不确定性、技术类、组织管理类等。这些风险直接影响到网络化协同制造相关企业的成本结构、生产和组织模式，可能的区位甚至经济结构。企业需要取得多种资源与服务才能经营生产或提供服务，因为企业管理者在资源刚性的牵引下总是希望能以低廉的成本汲取所需的资源和能力，在市场中才能会有竞争力，才能持续强化协同制造韧性和产业链企业间的互动共生。

## 第四节　网络化协同制造的展望与建议

网络化协同制造服务客观上要求国家、市场和企业做出适应性变革，基本原则为：政府引导，释放政策红利；市场主导，强化协同建设；企业向导，深化协同合作。

### 一、政府发力：优化服务，培育协同制造适宜环境

#### （一）政策协同：缔造协同制造的市场环境

指制造业转型过程中为降低企业交易费用和市场不确定性，促进人力、技术、资本等要素流通，要求相关产业政策之间，实现组合式和配套性政策集，发挥政策间的统筹协调从而提高网络化协同制造。从性质看，这些政策组合体包括三大类：第一，秩序型政策，通过制定规章制度、法律或通过说服和规劝等制度形式引导制造业企业转型，增强政策与市场机制的正向融合。第二，过程型政策，其作用机理在于对制造业经济过程进行规范调整，从而保证协同制造的顺利实现。制定制造业中长期发展规划，以及配套性投资目录、税收减免、投资补助、贷款贴息、财政支持、关税保护、知识产权保护核准等方式确保实现网络化协同制造的现代转型。第三，规制型政策，其目

---

① 刘贵富：《产业链基本理论研究》，吉林大学 2006 年博士学位论文。

的主要在于设置相关产品的规范标准。标准的制定处于产业价值链顶端。标准不仅是我国实现互联网与工业融合发展的基础，也是我国参与全球竞争的关键抓手，提升中国制造业在世界的话语权。制定和实施产品厂商的证书和资格认定，便于公开企业组织和生产流程的质量与能力，减少企业选择合作方的信息成本和交易压力。另外，大规模定制企业实施标准化和通用化，可以有效地提高产品质量。一方面，政府要加快研究云计算、大数据、物联网新一代信息技术标准，积极参与全球互联网与工业融合相关标准的制定。另一方面，还要研究我国融合产品认证机制创新的标准管理办法，降低产品准入门槛，促进企业成长壮大，助力市场的完善与规范。

**（二）资本协同：强力推动云制造服务**

经验证实，经济增长往往源自主导增长部门的扩散效应①，这些增长的部门能有效产生新增长函数。因此，政府需加大对两化深度融合的资金投入，为企业协同制造提供研发、税收等方面的资本政策。在互联网与工业融合创新发展的初期阶段，一方面，各级政府应当加大财政方面对互联网与工业融合创新发展、工业云、工业大数据等方面的投入与扶持力度，为企业在产业优化转型的初期创建一个良好的运转环境；另一方面，还要实施对两化深度融合研发后补助、降低对融合新产品税收等一系列普惠性强的政策，从而激发企业的创新热情，促进行业整体融合创新的发展。②

**（三）创制平台：协同制造的网络建设**

网络协同制造对于提高中小企业的效益，充分发挥它们的比较优势具有重要的现实意义。但是协同制造至少需要一个前提条件：即能够支持协同的

---

① 具体包括回顾效应、旁侧效应和前向效应。所谓回顾效应是指新部门在高速增长阶段，会对原材料等要素产生新的投入要求，这些投入反过来又要求现代设计观念和方法的发展。这些投入可能是物质的或人力的，甚至是制度层面的。例如，互联网的发展，颠覆了传统企业营销模式的理念与实践，促进更多企业增加对网络相关环节的投入。旁侧效应，表明主导制造业的发展，引起周边系列的广泛变化，最为突出的案例就是美国底特律。这是一个由汽车制造业培育生成的现代城市。这种影响深度远超过经济本身的含义。前向效应的发生，是因为现代工业活动创造了引起新工业活动的基础，提供企业进一步开发新产品和服务，或者产生新的瓶颈问题，而这些瓶颈问题的解决必然存在利润诱惑，所以能刺激企业介入其中。这样产生一种经济刺激力，并为更大范围的经济活动提供可能性，甚至为下一个重要部门建构台阶。比如共享单车的爆发。共享单车的规模投入，促进企业运用大数据科学、精准分析单车的投放与回收。

② 陈昌鹤、姜伟：《互联网＋工业：促进两化深度融合》，《世界电信》2015 年第 5 期。

网络化平台。数字化协同平台，对提高设计效率和质量，改善专业设计方式，提高设计能力非常重要。以平台化整合工业生态体系，建立企业专属的网络协同制造系统，这样平台企业都可以通过网络进行协同设计、开发、新产品制造。这种平台核心价值在于拥有最广泛而有效的制造业信息，包括行业综合信息、最新技术信息、行业需求信息等。制造业信息化平台的信息建立在企业之间的信息交互基础上，并通过整合和完善后形成制造行业交流的信息模块，为企业协同制造提供强有力的基础支撑。因此，制造网格是网络技术与传统制造业的结合应用，是制造业信息化，特别是网络化制造发展的崭新阶段，为企业实施先进制造技术提供了开放的、易维护的、可重构的应用开发与系统运行的集成支持服务平台①。这一系统需要知识的嵌入，只有让知识流动起来，才能弥补传统制造业的发展短板，并扩大产业升级价值与品牌空间，延长产业生命周期。

（四）打破藩篱：积极参与全球工业互联网标准化工作

工业互联网是实现智能制造的基础，如果没有工业互联网强大的计算与通信能力支撑，智能制造的生产体系也就无法建立，所以工业互联网标准化工作应当先行。鼓励支持重点企业在硅谷等全球创新基地和德美日等发达国家建立研发基地和分支机构，建立双向合作机制。加强与美国工业互联网联盟（IIC）等平台之间的沟通协作。推动工业互联网关键技术试验验证等一批功能性服务平台的建设和推广，增强国家工业互联网产业联盟"走出去"。夯实工业互联网基础设施。加强工业互联网公共设施建设的实质性投入，提升信息互联互通的技术性能，为智能制造生产体系的形成并发挥重要的作用提供更好的条件。数据中心、宽带频谱和光纤网络等基础设施都是建成低时延、高可靠、广覆盖的工业互联网的必要基础。在布局工业互联网的过程中，应超前考虑工业互联网对网络接入的需求，升级改造公众互联网，推动高带宽虚拟专网等，满足大规模工业设备接入和联网的需求，并在工业基础较好的地区及工业园区内优先搭建智能工厂数字化接口、企业物联网、公共信息服务平台等基础性物理架设，为企业智能制造方式改造提供较为完备的基础设

① 郑立斌、顾寄南：《网络制造资源发现机制的研究》，《机械设计与制造》2011 年第 4 期。

施建设。[①]

## 二、企业选择：顺势而为，积极融入协同制造市场

网络化协同制造服务客观上要求企业做出适应性变革，顺势而为转身促协同。基本原则为：注重理念创新，强化组织结构，加大技术投入，突出协同边界。成熟化的商业运行模式是网络化制造协同的可持续发展关键因素。商业协同是一套技术和商业行为，即允许企业间通过复杂与跨企业运行建设更加巩固的联系。企业资源储量和组织结构决定了其市场适应力。企业协同制造由其现有的和未来的业务组合、运营目标及资源组合中的要素组成。

### （一）转变传统理念，将协同意识带入管理

注重协同创新，加强产业链制造协调。从企业的管理角度看，可以从三方面入手：首先，制订供应链总体策略，明确对产能的总体需求。根据发展战略对供应链的总体规模有一个清晰规划，并形成未来供应链运作基本策略，分析基本策略对供应链的影响，进而明确未来产能的总体需求水平。其次是产能规划，从供应链的角度，产能规划需要从企业内部制造产能和供应商能力两方面着手。再次，通过优化供应链挖掘产能潜力。

在优化管理的同时，企业还需利用先进的网络技术处理企业供应链中的复杂关系，控制整体运作的综合成本，以实现产能利用的最大化。第一，预测能力是产能管理的关键。可信的需求计划是整个供应链前进的路标。先进的规划和预测应用，使企业能够分析、预测并有利可图地管理客户需求。第二，及时得到物料需求也极为重要。能够针对意想不到或大规模定单迅速模拟出所需要的物料数量，能帮助企业及时做出一系列的生产调整和相应的采购动作。第三，信息共享也是不可忽视的。不同的生产基地可以相隔遥远，但能从任一地点实现对企业生产数据的查询和管理，将有效地提高企业运作效率。

有了可信的预测、可行采购计划和共享数据平台，企业就可以挖掘供应链上的产能瓶颈，着手制订、执行并考量相应的应对措施，迅速地应对市场

---

① 徐梦周、曹达：《工业互联网发展新态势及对浙江的实践启示》，《浙江经济》2016 年第 12 期。

的变化。在此基础上，建设信息协同交流子系统，实现信息的协同交流，使企业的各个部门和各个供应商进行平等的沟通。与传统的信息互动方式相比，运用信息协同交流平台可有效减少信息交流的费用，提高信息传送的速度，使企业和供应商的工作效率都获得大幅度的提高。建设信息协同交流子系统，通过信息交流平台，企业可以将最新的信息发送给供应商，供应商接收到信息之后及时给予反馈，从而实现企业和供应商的信息协同；建设协同采购子系统，实现采购的协同和配送协同，协同采购系统的建设实现了采购的协同和配送的协同，通过利用这个系统，企业和供应商之间的业务处理变得更加规范。在这个系统当中，企业可以直接在网上对采购的订单进行确认和发布，供应商也可以在这个系统中随时查询订单的状态，并进行反馈和确认。在这种运作模式下，供应商的送货环节将进一步规范，供应商在供货之前必须在网上创建送货单，然后向采购和仓储部门发送送货通知，这样一来，仓储情况就可以被时时掌控，同时供应商还可以在网上进行对账，从而大幅度的缩短财务付款的周期；建设询报价子系统，实现网上快速询、报价，以节省人力成本和时间成本，为后续的谈判工作提供充足的依据。

### （二）优化组织生态，建立适合协同的结构框架

适应网络化协同的与工作方式。企业生产某种产品的时候，首先要根据企业自身的资源优势，按照效益最大化的原则将制造任务进行分解。这种分解模式客观需要与之匹配的管理层次较少的企业内部架构才能发挥功效。因此，协同制造离不开扁平化组织。

建立一体化组织网络，形成彼此间相互依存的联系。在这种相互依存的联系中，各单位共享源源不断的资源和信息，彼此相互帮助和支持、创造企业内部协同效应。中小企业也可以与别的企业建立类似于企业内部机制的外部无边界合作网络，价值链各环节进行资源和信息的合作、创造外部的协同效应[①]。以市场需求为根本，以消费者为中心，充分运用现代化信息、通信技术，加强企业部门间横向协调以及市场信息传递。需要指出的是，企业组织变革并非结构单一方面行为，而是包括任务、人员、技术等。这些内容是企

---

① 李长书：《组织协同——中小企业跨国能力的培养》，《现代企业》2006 年第 9 期。

业参与协同制造的必要动作。

**（三）融入协同平台，优化企业内部协同边界**

建立在统一的协同平台上的集成业务系统以及一套贯穿全局的过程链。企业的各类业务系统，应该直接构架或连接到统一的业务协同平台上，并以这一平台为枢纽，形成了一个紧密联系的整体，从而获得集成、协同的整体效益。简单来说，协同管理系统的构成，就是平台＋应用。这一系统的主要内容是：在统一的业务平台上，实施办公自动化、柴油机产品证书管理、设备管理、产品信息管理以及知识中心等模块功能，以及提供与专业业务系统的统一接口机制。就企业级或部门级协同来说，协同物流旨在打破单个企业或部门的绩效界限，通过相互协调和统一的规则来优化物流运行结构。协同物流管理系统主要面向供应物流、生产物流与分销物流，功能模块包含销售管理、采购管理、物资管理、外协管理及基础模块，各模块之间协同运作，密切联系。[1]

明确生产管理协同的基本思路，明晰协同的基本目标，实现对各部门的有效管理与有效整合，采取共赢、优势互补、资源共享利用等原则；优化生产过程中的资源，实施有弹性的生产管理，要求企业对现有的职能结构进行调整，打破企业内部部门之间严格的组织界限，使员工与根据实际情况独立处理问题，将垂直的组织管理结构逐渐变为扁平化的组织，增加员工之间的交流，提高员工的工作积极性和信息传递、处理的效率，发掘员工的潜能，提高组织应对突发事件和激烈的竞争环境的能力。[2]

**（四）建立企业联盟，增强企业外部协同边际**

网络化协同制造模式促进企业间组织的重构。这种联盟是一种对市场做出快速反应的动态合作。这样主体企业本身只需以创新行为和品牌为龙头，对有关制造和经营的各项业务进行过程和系统集成即可。这种企业联盟超越传统的联盟企业体，将网络可触及的资源尽可能动态配置和优化。实践表明，反复交易有利企业间的适应和亲密关系，强化彼此信任基础，从而减少企业

① 李普、胡晓兵、张裕文：《制造企业协同物流管理系统的研发》，《机械制造》2010年第48（2）期。

② 金纳、金海红：《对汽车生产管理协同方法的探析》，《管理观察》2014年第30期。

合作干扰和机会主义风险。

协同产品配置管理可以在联盟企业内建立产品的整体模型，建立统一的材料清单，统一管理产品变更，实现客户、企业和供应商关于产品数据管理在整个产品全生命周期内的集成。实现企业间专长化生产、协同化合作、离散化互动。协同制造涉及许多并行和串行的生产活动，强调使地理位置分布的联盟企业协同高效地进行产品的开发和制造过程。

第一，物流协同，即通过整合物流的各项功能、降低企业整个物流系统的总成本所产生的整体最优化作用逐渐被重视，包括供应链协作、物流共同化等方式。第二，基于共同的目标，向企业外部的合作伙伴延伸，加强核心企业与供应商以及企业与用户之间的合作，以实现信息共享。将大部分物流作业外包给专业的物流服务商 3PL 和 4PL，由它们进行物流资源的整合、管理与协调。第三，实现整个供应链的优化。以电子商务终端客户需求为导向，将供货商到最终用户的整条供应链整合在一起，实现多供应商之间及其与企业的协同，成为一个逻辑意义上的、信息共享的虚拟企业，达到生产、采购、库存、销售以及财务和人力资源的全面集成，以信息流带动物流和资金流的高速、高效运转，在完全开放的环境下实现信息的传递和整条链的优化。第四，基于互联网的供应链网络优化。通过各种商务管理软件、互联网技术、物流信息技术和手段，组成全国范围内的电子商务信息平台，实现供应链管理与客户关系管理、产品生命周期管理的衔接和融合，形成全国范围甚至全球的协同采购、协同生产和协同履约。[1]

### （五）强化技术培育，加大信息支撑能力

借助现代信息和通信技术，构建新型设计和制造组织结构，企业联盟能够最优利用分布在不同地域、为不完成不同任务所需的生产要素。跨地域、结构化的企业组成过程链，形成灵活的生产系统，以便能够迅速对顾客和市场的动态需求做出响应并获得优于传统组织形式的成本和竞争优势。

发展信息化管理，提高企业应对环境和柔性适应及创新能力。提升车间自动化水平，提高车间对随机事件的快速响应和处理能力，从而实现了精益

---

① 毛爱英、高鹏翔：《电子商务下供应链物流协同的研究》，《物流技术》2007 年第 2 期。

生产和敏捷制造。在车间完善全面的数据采集，在网络环境中形成数字化的运行生产，改善车间各生产环节的信息沟通，在车间完善底层基础自动化的集中管理系统以及与上层管理系统通信的控制管理系统，从而实现系统性的车间制造控制智能化和生产信息集成化的管控一体化系统，通过信息化实现企业内部的调度、质量、物料、能效协同管理。① 从根本上实现制造业的绿色化、低碳化、协同化。

**（六）加快人才培养，夯实创新人才基础**

从协同本身看，需要企业增强自身的资源积累能力。资源的有效积累通常有两种方式：一种是新资源作为某一个阶段战略的副产品而被创造出来；另一种是将由某一战略元素发展出来的资源有意识地用于其他战略元素。从企业立场看，实现协同发展，归根结底是落实到企业员工的行为。因此注重人力资本投入，不断拓展人力资源的储量是实现自我再生产的根本出路。越来越多的研究和实践表明：离开大量的人力资本投入，实现制造业创新化和创新产业化是完全不可能的。

企业出台综合人才培养制度，完善人力资本建设，例如人才补贴、安家补贴等，吸引管理创新等高层次人才。定期组织专家开设讲座对员工进行培训，从培训总结、考试、培训后上岗表现等多方面建立培训效果评价机制，强化培训效果。

---

① 赵福伟、韩朝：《制造企业车间信息化的建设》，《工业控制计算机》2017 年第 30（4）期。

# 第八章　智能服务

　　把握智能服务新趋势，加快智能服务发展，已成为全球主要经济体应对"后金融危机"时代增长不稳定性和不确定性、深化结构性改革和推动可持续发展的重要举措。把智能服务提升到国家战略，加快制造与服务协同发展，促进生产型制造向服务型制造转变，是加快工业化和信息化深度融合，建设制造强国的重要抓手。当前，我国智能服务发展面临信息资源开放共享程度低、法规监管制度不健全、信息安全保障难度大等诸多困难和挑战。探索制造业智能服务的模式和路径，补齐智能服务发展短板，抢占全球智能服务制高点，是推进供给侧结构性改革，构筑国际竞争新优势重大而紧迫的战略任务。

## 第一节　智能服务基本情况

### 一、国内外智能服务发展现状

#### （一）国际智能服务发展形势

　　从全球范围看，智能服务发展尚未成熟，成效尚不明显。世界各国对智能服务仍未形成统一的认知，智能服务形态分类、模式路径、推进策略仍在探索中，其政策法规体系、技术支撑体系、安全保障体系仍在不断完善中。智能服务总体处于健全体系、探索路径、优化模式、提升效率、完善机制的发展阶段。

　　欧美国家的智能服务正由早期附属于产品的增值服务向独立的服务形态

过渡。① 德国和美国采取了各有侧重的智能服务推进策略。德国基于雄厚的制造业基础，将与智能制造密切相关的智能服务推广至各个生产和服务领域，借助互联网升级制造业。2014年11月，德国发布的新高科技战略将数字经济与社会作为未来六大研究与创新的首要发展领域之一，其中智能服务作为数字经济与社会的八大核心领域之一，得到重点关注。2015年3月，德国国家工程院发布"德国工业4.0"后续规划报告《智能服务世界2025》的精简版《智能服务世界》②，聚焦"工业4.0"制造的智能服务全价值链，阐述了智能服务平台的层级架构、实现智能服务世界应关注的重点、发展智能服务所需的外部环境，提出了发展智能服务的相关建议。2016年3月，德国发布《数字战略2025》，"智能服务世界"成为资助重点。美国则基于其信息产业优势，借助工业互联网，重塑工业格局，激活和改造传统制造业，通过制造业模式的革命性转变实现"再工业化"。2012年，美国③启动"先进制造业国家战略计划"，发展先进数字化制造工艺和技术，建设数据基础设施，发展工业互联网，实现制造业机器设备与信息世界大数据的智能交互，智能设备采集大数据反馈到智能系统，智能系统通过大数据挖掘和分析，形成智能决策，反过来指导优化生产制造，从而带动传统制造业的颠覆性革新与重构。

（二）我国智能服务发展需求

我国发挥信息化覆盖面广、渗透性强、带动作用明显的优势，推进制造业与服务业深度融合，提升制造业供给质量和效率，重塑持续转型升级的产业生态，成为推进供给侧结构性改革，构筑国际竞争新优势的必然选择。

加快智能服务发展，是制造业转型和消费模式升级的内在要求和必然结果。从供给侧看，工业化和信息化深度融合，新一代信息技术向各领域加速渗透，各行业信息处理智能化、终端智能化、应用智能化态势已初步形成，智能化正逐步取代传统的社会经济运行模式，成为转型发展的目标和导向。推动互联网、大数据、人工智能和实体经济深度融合，成为推进供给侧结构

---

① 服务型制造解读专家组：《智能服务是智能制造的必然延伸》，《中国电子报》2016年7月29日。

② 德国国家工程院：《智能服务世界》报告，周中锋、王轶翻译。

③ 王喜文：《工业互联网：中美德制造业三国演义》，新华网，2016年2月1日，见 http：//news. xinhuanet. com/info/ttgg/2016-02/01/c_ 135063399. htm。

性改革，促进制造业由大到强、加快经济转型升级的重要举措。从需求侧看，中国特色社会主义进入新时代，人民美好生活的需要日益增长。消费者人性化、个性化、多样化、便捷化需求开始主导市场，强调用户意愿、用户需求、用户选择、用户体验、用户价值、用户分享的按需服务逐步决定市场，消费需求对经济增长的拉动作用日益显现。在不断升级的个性化需求拉动、智能化趋势带动和实体经济转型推动下，智能服务水到渠成，应运而生。

## 二、智能服务的内涵与特征

### （一）智能服务的内涵

智能服务是在全球新一轮科技革命和产业革命交汇融合，制造业延伸价值链和提升竞争优势的内在需求下，催生出的新型商业模式和经济业态，是智能化趋势与服务经济深度融合的新型服务理念和服务业态，是服务业发展的前瞻性、先导性领域，是产业转型升级的前沿和方向。

当前，国内外对智能服务的认知尚未形成共识。智能服务内涵、外延、边界尚无定论。通常认为，智能服务是指自动辨识用户需求，主动、高效、安全、绿色地按用户需求提供服务的新一代服务形式，是分享经济和服务经济背景下，由新一代信息技术驱动、由个性化需求和智能化趋势共同促成的智能产品、实体服务和数字化服务相结合的，以"按需服务"为标志的新型服务业态。

### （二）智能服务的特征

智能服务区别于传统服务的最明显特征，是"以用户为中心"的服务理念，是"自动"和"主动"服务[1]。智能服务立足制造业服务发展趋势，以用户需求为中心，以云计算、物联网等技术为基础，通过信息获取和需求辨识技术，深度挖掘和智能分析海量数据，自动、智能辨识用户需求，主动、精准提供按需服务。高效，一是指响应用户需求速度快，二是指服务用户效率高。自动、提前知道需求，主动提供服务，就必然体现出高效率。安全，是智能服务的基础。确保用户信息的高安全性，建立用户对服务的信任，方

---

① 叶惠、迈普：《迎接"智能服务"时代的到来》，《通讯世界》2012 年第 3 期。

能形成持续消费和服务升级。绿色，是从工业文明走向生态文明的重要标志，为用户提供环境友好型服务是智能服务的应有之义。

## 三、推进智能服务的重点和难点

### （一）推进智能服务的重点

推进智能服务，平台建设是核心。确立智能服务平台及相关数据领域领先优势，就意味着拥有了客观的竞争优势。控制了智能服务平台，就控制了整个价值链条。大数据挖掘与应用是基石。通过海量、高效的数据积累和分析挖掘，才能自动识别用户需求。同时，只有实现数据的跨界流通，才能为各领域智能化提供可能。统一的技术标准是抓手[①]。统一智能设备制式、标准，可全方位提升用户智能服务体验水平；重构智能服务知识、技术、标准框架，便于智能服务价值实现。信息安全是关键。智能服务本质上由数据和新一代信息技术驱动，通过大数据资源的深入挖掘、整合与推送，为用户提供个性化定制服务，因而用户信息安全是智能服务成功与否的关键。培育智能服务新能力是支撑。培育智能服务新能力要求加快工业电子商务、大数据和工业云服务、软硬件、物联网及其运营服务发展，为实现智能服务提供强有力的跨平台、多元化的技术支撑。足够的智能人才储备是保障。智能人才是决定智能服务成功与否的重要因素，拥有高端智能服务人才，是确立智能服务领先地位的前提。

### （二）推进智能服务的关键和难点

推进智能服务，关键在于探索智能服务新模式。探索智能服务新模式的方向有四个：一是推进制造业对接科技、金融、文化等多种资源，强化资源协调、产业协同和社会协作，实现跨界创新，产生资源整合型新服务模式；二是引导社会组织突破原有规则，使原本互不相关的因素在服务平台上交汇融合和升华，实现融合创新，产生要素融合型新商业模式；三是适应分享经济发展需求，促进创新资源和要素有效汇集，强化多元主体协同互动，通过创新主体间的深入合作，引致系统叠加的非线性效用，实现协同创新，产生

---

① 服务型制造解读专家组：《智能服务是智能制造的必然延伸》，《中国电子报》2016 年 7 月 29 日。

主体协同型新服务模式；四是主动获取用户持续升级的个性化需求，并通过用户反馈信息修正、改进和优化产品及服务，实现迭代创新，产生需求拉动型新服务模式。

推进智能服务，难点之一在于保障智能服务信息安全。智能服务需要大范围、分散组件进行复杂的联网与整合，并交换与集成海量敏感数据，从而导致信息安全隐患明显增多。确定可核查的质量标准和可量化的相对安全标准，对保障智能服务的信息安全至关重要。难点之二在于推动科学技术、组织模式、体制机制的整合创新，加快智能化向各领域的深度渗透和融合，促进社会经济运行突破原有研发设计、生产制造、销售服务的资源边界和运营边界，催生新型服务业态，支撑分享经济和服务经济快速成长。

# 第二节　智能服务实施路径

智能服务正在众多工业领域带来商业模式、盈利机制、组织管理方式的颠覆式创新，新的智能服务业态不断涌现，经营范围持续拓展，跨界服务日新月异。当前，工业领域智能服务路径主要有三条：智能产品所有权或使用权转让、基于服务的交易和跨界合作等。智能服务本质上是"按需服务"。按照用户介入程度，国内智能服务实施路径可分为四类，即产品个性化定制服务、产品 APP 迭代优化服务、远程智能维保服务[①]、人机交互型智能服务。我国智能服务尚处于起步阶段，部分龙头企业对智能服务实施路径的初步探索，为智能服务的进一步推进提供了参考。

## 一、产品个性化定制服务

产品个性化定制服务，采集用户需求数据或邀请用户提前参与产品设计，按用户需求设计和生产产品，实现消费者需求驱动的产品个性化定制，此种模式用户介入最深，也是最典型的智能服务模式。

---

① 服务型制造解读专家组：《智能服务是智能制造的必然延伸》，《中国电子报》2016 年 7 月 29 日。

### （一）钢铁行业

我国宝钢、武钢等钢铁领军企业强化与战略客户合作和持续跟踪对标，不断满足下游用户个性化需求。一是强化用户技术和需求研究，与下游战略客户的合作，通过前期介入下游产品研发，获悉钢铁产品研发方向，主动创造市场需求。二是跟踪对标，不断与国际市场竞争力最强的钢铁企业对标；设置专门的信息情报中心研究世界钢铁发展方向。通过持续推动技术创新，跻身全球领先地位。

### （二）家电行业

长虹集团打造物联运营支撑平台，衍生智能服务，创新商业模式。2013年，长虹发布"智能化、网络化、协同化"的"新三坐标"智能战略：智能化方向，强化现有终端产品的智能化，拓展新型智能终端；网络化方向，加强网络对终端产品的价值提升，强化云平台建设，提升数据分析能力，挖掘数据价值，构建基于数据的商业模式；协同化方向，加强终端协同，形成系统解决方案[①]。2013年，长虹成立家电行业首个大数据公司，目前已拥有100多名高级大数据研发工程师，是家电行业内唯一一家拥有用户行为分析，大数据处理能力以及庞大服务器资源的公司；长虹智能产品达5000万台，由此产生的设备数据100PB；拥有5000万用户，用户行为数据超过80PB，用户标签15782个，活跃用户超过1200万，为长虹打造物联运营支撑平台及衍生智能服务产业打下了坚实的基础。2016年3月，长虹发布全球首个开放的物联运营支撑平台（United Platforms，简称UP平台），实现了用户、云端、智能终端及各类服务应用的全面连接与打通，形成了万物互联的开放生态体系。该平台可采集、分析智能硬件、O2O服务等用户行为数据，并反向完善智能硬件和O2O服务；通过该平台跨界协同聚合用户，为用户提供个性化"产品＋云＋数据＋服务"；整合智能研发、智能制造、智能交易及强大的供应链等资源，最终实现"O2O＋C2B"，以数据驱动为用户提供"所需即所得"的个性化产品及服务。基于UP平台，长虹已经成功孵化出能源管理、车联网、智慧学习等多个智能服务产业公司。基于UP平台的开放协同，长虹正在吸纳多

---

① 丁军杰：《构建"物＋联"长虹加速转型》，《工人日报》2016年4月6日。

元化的内容服务、第三方开发者、创业公司等，演绎新的商业模式。目前，长虹旗下智能电视、智能冰箱、智能空调等智能终端基本实现O2O运营生态。

### （三）轻工纺织行业

智慧化纺织的智能服务转型。纺织产业智能服务的重点，是完善纺织产业云安全网络，实现纺织纤维材料、工艺装备、生产过程及现代纺织服装设计加工制造技术等生产全流程智能化，健全纺织物联网系统，构建纺织全产业链智慧化智能服务系统，从向生产、技术、管理要效益升级到向时间、市场要效益。

红领集团[①]从传统的外贸加工OEM企业发展到定制、规模化定制，并向红领云、产业生态、产业价值链重塑持续升级，打造"全球化、多品类、企业级的跨境电商的商业生态"，实现了理念、模式、组织系统整体创新。通过创造服务导向的产业信息化生态系统，探索出工业生产的互联网思维、全程数据化驱动的生产流程、去科层化的组织、顾客和制造商直接联结的运营模式等传统制造业与信息化技术深度融合的新范式，实现持续优化的"产业链整合"，使得个性化需求和工业化的大规模生产得以兼容。

红领创造了一个成熟的互联网工业化定制模式。红领模式分为高级、中级、初级三个层次：高级层次是做平台乃至生态圈，中级层次是信息化管理模式，初级层次是C2M定制化。红领集团的C2M模式是以客户需求为导向，工业化和信息化深度融合的服务型制造模式，其产业生态以C2M定制化为主线，通过红领云等智能服务平台，将包括服装行业在内的各类制造资源及其上下游行业均纳入生态圈，全方位聚合和市场化配置制造资源，推进供需双方对接协同和定制生产，实现价值最大化。红领工业大数据已具有增值效应和极强的跨界应用潜力，是红领真正的核心竞争力。红领集团已将"红领模式"升级而成"酷特智能"平台，与60多家企业签订协议，输出红领理念和方法论，在服装、鞋帽、电子产品、摩托车、自行车、化妆品等领域跨界，快速复制红领成功基因。联合海尔集团、软控股份等发起成立了中国互联网工业联盟，依托联盟、中国产业互联网研究院、酷特智能工学院、"走进红

---

① 何涛：《红领集团推进服务型制造引领世界定制的战略与路径选择》，《对外经贸实务》2017年第2期。

领——中国工业 4.0 实景案例研修班"等渠道，推动基于红领模式的"互联网＋工业"的研究、实践、推广和落地。

## 二、产品 APP 迭代优化服务

基于移动 APP 的售后产品个性化优化服务。智能硬件产品销售中同步提供移动 APP 应用，通过采集用户 APP 应用信息，自动了解用户需求和偏好，主动、实时按用户需求优化产品，为用户提供线上与线下渠道融合的个性化服务。另外，企业基于智能服务数据，预测并主动发布规避潜在问题、寻求解决方案的指令，提升用户产品体验质量也是重要的路径之一。

智能空调。海尔智能空调用户通过海尔好空气 APP 体验空调自诊断、自反馈、自处理的"三自"智能服务。

智能交通系统。智能交通系统通过大范围大容量的多系统信息交互，实现对道路和交通的实时、准确、高效的全面感知，以提高交通效率和交通安全水平。

车联网智能服务。车联网是涵盖导航、通信、语音、视频等多媒体的多向网络平台[1]。车联网应用终端通过语音控制、手势控制等非触控人机交互技术，为用户提供智能化、人性化的操作体验。企业通过车联网，挖掘用户全生命周期服务需求，向用户提供适用的服务性运营产品和技术性增值服务，实现从产品竞争向增值服务竞争的转型。2011 年底，陕汽推出"天行健"车联网服务系统[2]。行车方面，企业为用户提供智能配货、车友互联、精准导航和车辆医生等智能运营服务。管车方面，为用户集中输出车辆位置查询、车辆运行状态监控和驾驶员行为分析、车辆运营分析等定制服务。

汽车个性化定制。汽车助手为乘客提供人工智能服务。2017 年 1 月，Nuance 通讯公司在其 Dragon Drive（声龙驾驶）互联汽车平台新增人工智能和 Auto－motive Assistant（汽车助手）功能，能够为乘客提供高级语境化和个性化车载体验。

---

① 殷建红：《交互增强与智能服务推动车联网的新变革》，《汽车实用技术》2012 年第 10 期。

② 颜静：《天行健——颠覆重卡传统售后服务市场》，《Truck & Logistics》2012 年第 10 期。

### 三、远程智能维保服务

产品/设备远程智能维保服务，基于物联网、传感器技术和移动通信网络技术，将被动接收用户反馈的传统售后服务，转向自动识别、主动提供预防性维保服务。

智能船舶。2016 年 3 月 1 日正式生效的《智能船舶规范》提出，智能船舶是指利用传感器、通信、物联网、互联网等技术手段，自动感知和获得船舶自身、海洋环境、物流、港口等方面的信息和数据，并基于计算机技术、自动控制技术和大数据处理和分析技术，在船舶航行、管理、维护保养、货物运输等方面实现智能化运行的船舶。智能船舶涵盖智能航行、智能船体、智能机舱、智能能效管理、智能货物管理和智能集成平台六大功能模块。其中，智能航行指基于计算机技术和控制技术等，借助岸基支持中心，分析和处理大数据信息，设计和优化船舶航路和航速，实现船舶自动避碰、自主航行。日本 20 世纪 80 年代已着手研究带有"智能导航"功能的"人工智能船舶"；韩国 2009 年启动智能船舶 1.0 计划，2011 年推出世界首艘智能船舶；英国罗罗公司 2014 年提出无人船舶概念①。我国已开始船舶智能化的顶层设计与研究工作。

### 四、人机交互型智能服务

依靠人工智能的飞速发展，具备自主环境感知、智能调度、自动规划、人机交互等能力的智能服务机器人，成为智能服务的重点领域和未来发展方向。

智能机器人分为工业智能机器人和特种智能机器人两大类。与人们生活密切相关的智能服务机器人属于特种智能机器人。一是提供家庭智能服务。智能服务机器人结合健康养老、家政服务、社区管理、教育娱乐等运营服务网络，为居民家庭提供智慧家居、智慧安防、亲情互动、隐私保护、环境监

---

① 贺辞：《CCS〈智能船舶规范〉六大功能模块要求》，《中国船检》2016 年第 3 期。

测、智慧生活等智能服务①②，推动形成新的应用服务和消费需求，催生新的商业模式。同时，智能服务机器人等服务主体终端与手机及可穿戴设备等移动智能终端、智能家居等家电智慧化系统深度融合，各终端打破应用边界，实现互联互通、协同应用和整体创新，共同构成家庭服务生态体系，为居民家庭提供基于云平台的个性化、定制化智能服务。二是建设智能社区和智慧城市。打造智能服务机器人全产业链架构，通过智能服务机器人组网，建设智慧家庭、智慧社区、智慧商圈等智慧城市基本建设单元，结合快捷的物联网基础平台，探索和构建以智能服务机器人为核心的智慧城市。

# 第三节 智能服务面临的困难与挑战

尽管我国智能服务发展取得了长足进步，但目前仍处于起步阶段③。相对美国、德国等先行国家，相对智能服务发展需求，还存在供给薄弱的若干突出短板。随着智能服务发展面临的环境、条件和内涵的深刻变化，智能服务发展仍面临诸多挑战。

## 一、主要困难

智能服务技术支撑体系、数字化运营平台及相关标准仍在动态发展中，技术路线尚未成熟，运营模式也未定型，智能服务发展困难较多。

### （一）智能服务的信息基础设施建设仍较落后

平台建设滞后，智能服务发展依托的安全、可信的网络化物理平台、软件平台和服务平台建设尚处于起步阶段。支撑智能服务的集成电路、基础软件、核心元器件等关键薄弱环节仍未实现系统性突破。相对国际先进水平，云计算、大数据、物联网等核心技术仍处于加速追赶阶段。未来十年，智能

---

① 由然：《迎接智能生活的到来——智能服务机器人发展趋势分析》，《中国建材报》2017 年 8 月 24 日。

② 陈春兰：《弗徕威：专注智能服务机器人领域》，《软件产业与工程》2015 年第 3 期。

③ 李晓钟：《智能服务产业化快速发展的政策建议》，《中国社会科学报》2017 年 1 月 16 日。

服务所依托的大数据、云服务、物联网要求有无缝覆盖的智能网络及其处理节点，还要有与之相匹配的智能终端；智能网络要求无时延、高速率、低成本、超带宽。智能服务信息基础设施建设要求将会不断提高。

### （二）信息资源开发利用和开放共享水平不高

我国信息化水平不高，与工业化融合深度不够。大数据等智能服务基础性战略资源储备不足，大数据实时分析预测能力不足，开放共享水平不高。智能服务提供商需具备强大的实时分析、计算智能产品反馈大数据的能力，方能深度了解和预测用户需求、及时优化服务方式，从而高效、便捷地为用户提供高度定制化的、高质量的智能服务。强大的计算和分析能力有赖于集成电路发展和微电子产业升级，要靠新一代软件支持以提升运算能力，还要建立基于数学等基础科学突破的新的数据分析方法和体系。上述能力不足，对我国智能服务发展构成较大制约。

### （三）智能服务法律法规和监管制度仍不健全

制约智能服务红利释放的体制机制障碍仍然存在。与智能服务发展相适应的法律法规和监管制度还不健全，标准规范还处在基础研究阶段，高端要素供给机制不完善。技术开发和培育机制不健全。智能服务产业化进程缓慢，政产学研用协同创新能力和产业链管控能力有待提升。

## 二、面临挑战

### （一）确保系统安全可靠的挑战

智能服务安全涉及系统和平台安全、信息通信安全、用户核心数据安全、第三方恶意攻击和破坏的防控等安全问题。当前，我国网络安全技术和产业发展滞后，物联网、工业互联网等运营可靠性和安全性仍存在隐患，信息网络技术安全性和数据保护不足，网络安全制度有待进一步完善，一些地方和部门网络安全风险意识淡薄，网络空间安全面临严峻挑战。

### （二）满足用户个性需求的挑战

新技术不断革新催生数字化网络时代用户需求持续升级和日益多样化，智能服务市场不确定性和不稳定性增强，导致智能产品投放风险持续增大。

及时准确把握用户需求变化，提升个性化定制、柔性化生产和社会化协同能力对智能服务发展形成较大挑战。

### （三）核心技术有效供给的挑战

智能服务发展具有显著的技术依赖性。智能服务技术产业生态系统不完善，技术演进路线不明，自主创新能力不强，人机交互、智能决策等人工智能核心技术受制于人成为我国智能服务发展的最大软肋和隐患。高端智能服务人才短缺，我国智能服务发展后劲不足。

# 第四节　智能服务展望及政策建议

未来5—10年，全球智能服务将渗透到社会经济生活各个领域，我国将迎来智能服务发展的关键时期。政府、企业和公众形成合力，推动我国智能服务全方位改革创新，持续提升发展质量和水平。

## 一、智能服务未来展望

当前，全球信息化进入全面渗透、跨界融合、加速创新、引领发展的新阶段，更快速度、更广范围、更深程度地引发新一轮科技革命和产业变革。物联网、云计算、大数据、人工智能、机器深度学习、区块链等新技术驱动网络空间从人人互联向万物互联演进，数字化、网络化、智能化服务将无处不在。

"十二五"时期特别是党的十八大之后，我国成立中央网络安全和信息化领导小组，作出实施网络强国战略、大数据战略、"互联网＋"行动等一系列重大决策，我国信息化取得显著进步和成就。一是信息基础设施建设实现跨越式发展，宽带网络建设明显加速。我国互联网用户、宽带接入用户规模位居全球第一。第五代移动通信网络（5G）研发步入全球领先梯队。二是信息产业生态体系初步形成，重点领域核心技术取得突破。智能终端、通信设备等多个领域的电子信息产品产量居全球第一，涌现出一批世界级的网信企业。三是网络经济异军突起，基于互联网的新业态新模式竞相涌现。电子商务交易额跃居全球第一。"互联网＋"蓬勃发展，产业互联网快速兴起。

　　未来五至十年，是智能服务引领制造业和服务业协同创新，加快工业化和信息化深度融合，构筑国家竞争新优势的重要战略机遇期。智能服务将带来生产方式、生活方式的全方位改革创新。一是用户需求与智能服务的深度耦合。依托"互联网＋"、物联网、云制造和大数据平台，基于分析与挖掘等网络实体融合系统技术，用户使用智能产品过程中产生的大数据，被反馈和分析转化为智能数据，通过提升分析、关联、评估、预测、优化决策等能力，智能数据进一步用于控制、支撑与强化智能产品，衍生出智能服务，进而实现智能服务与用户需求交互反馈和相互促进、相互创造的良性循环。二是服务型制造与智能服务的深度耦合。智能服务的载体聚焦于网络化、智能化的产品和设备，因而智能服务是智能制造的延伸[①]，是服务型制造的重要模式。"按需服务"的智能服务不断创造新的市场需求，引导服务型制造持续满足用户需求，不断提升服务型制造的质量和效益。"智能产品即服务""智能制造即服务"等理念不断催生新的智能服务业态。三是跨界融合。消费者基本需求总体得到满足的今天，对消费者更快捷、更方便、更人性化体验等边际需求的竞争成为主流。边际需求就需要"互联网＋"等整合不同手段，产业边界也日益模糊。智能服务将成为应对更复杂和更大规模的制造需求，实现制造主体协同和社会资源更高水平共享与集成的有效方式。四是协同创新。随着信息消费、宽带中国、智慧城市、智慧家庭等战略不断推进，把握未来"分散服务"的需求和特点，为用户提供连续、稳定、高效率、高质量的服务，智能服务对改变生活方式、提高生活品质、促进生活方式智慧化、推动城乡居民消费结构持续升级作用将会日益凸显。

　　总体看，智能服务具有技术进步快、产业关联度强、增长潜力大、可持续性好、国际竞争力强等基本特征。智能服务领域战略性新兴产业密集，将催生制造业及相关产业产生系列连锁反应。将智能服务打造成我国的主导产业，不断推出更具应用价值和市场前景的产品，拉动新的应用服务，催生新的商业模式，成为带动经济转型升级、促进产业结构高级化的新引擎和区域新经济增长点，推动我国经济社会发展质量大幅提升。

---

[①]　服务型制造解读专家组：《智能服务是智能制造的必然延伸》，《中国电子报》2016 年 7 月 29 日。

## 二、推进智能服务的建议

政府引导，企业主体，全民参与，聚焦市场、技术、政策等重点领域，加强智能服务顶层设计，搭平台、汇资源、促融合、提能力、保安全，合理规划布局，推动形成完整的智能服务产业链，努力打造若干龙头企业，推动智能服务持续创新发展。

### （一）政府引导

#### 1. 健全政策法规标准体系

完善法律法规体系。统筹智能服务立法需求，全面推进智能服务法治化进程，建立先进适用、接轨国际、系统完整的智能服务政策法规体系。优先推进网络安全、密码、个人信息保护、工业电子商务、知识产权、关键信息基础设施、数据资源管理等重点领域相关立法工作。优化智能服务法制环境，推进智能服务依法、合规、有序发展。

健全政策制度体系。完善促进新兴智能终端、智能服务发展的政策体系，创建统一的数据保护监管体系和单一的市场监管框架，优化政策环境。放宽智能服务准入限制，逐步消除新技术、新业务进入传统领域的壁垒，为智能服务突破资源边界和运营边界提供支持。健全国家网络与信息安全信息通报预警机制和网络安全标准体系。建立健全信息基础设施、数据开放共享等智能服务相关标准规范制定和专利布局，实现信息获取、传送、存储、计算的无缝连接。制定智能服务通用技术规范和统一通信接口。制定智能服务体系评估管理机制。

#### 2. 搭建国家智能服务平台

加强统筹协调。协调工业4.0平台、国家科技基础条件平台等国家相关平台，建立智能服务协同创新平台和技术交易平台。整合智能服务资源，研究成立国家智能服务中心，在国家制造强国建设领导小组领导下，统筹智能服务全局工作，负责智能服务重大规划、重大政策研究、制定和实施，承担重大工程专项、重大问题和重要工作安排，推进智能服务研究咨询、能力建设、应用推广和督促执行。研究成立跨学科智能服务研究咨询委员会，负责规划我国智能服务发展路线图。

完善基础设施。建立国家智能服务大数据平台，发挥平台对推进智能服务的乘数效应。实施国家大数据发展工程，构建统一高效、互联互通、安全可靠的国家大数据资源体系，争取未来2—3年内连通全球尽可能多的智能装备，以获取智能装备运行数据，为争夺全球数字化竞赛的优势地位，成为全球智能服务的领跑者奠定数据基础。加快云计算、互联网、物联网和智联网建设，建成高速、移动、安全、泛在的智能时代新一代信息基础设施。

确保信息安全。加强国家信息安全顶层设计，落实信息安全责任制，制定实施国家信息安全战略。实施大数据安全保障工程、信息安全保障能力建设工程和信息安全科技创新能力建设工程。构建关键信息基础设施安全保障体系，提高信息基础设施的"弹性"和适应能力，以灵活应对安全风险，快速修复安全漏洞，提升信息安全保障水平。强化对互联网企业数据监管。

强化建以致用。开拓投融资渠道，加大智能服务核心技术、共性关键技术研发投入和财税支持，完善投资风险分担机制。强化人才支撑，聚焦智能服务前沿方向和关键领域，依托国家重大人才工程和人才项目，培养和引进智能服务领军人才。推进信息共享，建立公共数据资源开放共享体系，实施数据资源共享开放行动，推动各领域信息系统互联互通和信息跨部门跨层级共享共用。开展试点示范，选择标准化程度高、数据积累较完整的领域，开展智能服务示范项目建设和推广。

3. 支持核心共性技术研发

培育创新研发主体。建立智能服务产业和技术孵化器，培育发展一批具有国际竞争力的智能服务骨干企业，增强智能服务核心技术原始创新能力。鼓励智能服务骨干企业开放平台资源，加强行业智能服务平台和共性技术资源池建设，实现智能服务资源和知识产权共享。推进构建先进、安全、可控的骨干企业核心技术与产品体系。

加快核心技术攻关。加强云计算与大数据、新一代信息网络、人工智能、信息安全、高精度低功耗高可靠性传感器、智能终端及智能硬件等重点领域新技术基础研发和前沿布局，尽快在云计算平台大规模资源管理与调度、运行监控与安全保障、大数据挖掘分析等关键技术和核心软硬件上取得突破。推进先进传感技术、信息融合技术、智能计算技术、远程控制技术等核心共性技术研发。

### （二）企业主体

1. 提升服务能力

夯实智能服务基础。推进云制造，加快实施"互联网＋"战略，提高云制造比重。加快推进数据云端化，推动建设一批企业云计算服务中心。培育大数据分析挖掘能力，建设覆盖客户需求、研发设计、生产制造、销售服务等全流程，贯穿产学研金商用等全领域的大数据技术体系和支撑服务体系。建立信息流、资金流、物流实时并行的数据模型和数据链条，推动大数据产品应用和产业化进程。建立一体化智能服务市场，形成基础设施共建共享、业务服务相互竞争的市场格局。

汇集智能服务资源。建设企业技术中心、工程（技术）研究中心、重点实验室、博士后工作站、院士工作站等创新平台。政产学研用结合，建立多层次智能服务人才培养机制，健全科技成果转化机制。完善创新资源供给机制。

2. 确保服务安全

完善风险防控机制。高度重视、正确认识网络新技术、新应用、新产品可能带来的挑战，主动防范和化解新技术应用带来的潜在风险。建立政府和企业网络安全信息共享机制。加快建设基于大数据的企业信用体系，通过端到端的安全技术和法律法规，有效防范和化解风险，实现用户信息的有效保护。平衡公众信任与数据保护、经济效益与社会利益，引入统一的信息保护安全监管体系。初步实现网络安全联防联控。

强化信息安全保障。建立具有自动保护机制的智能服务综合安全管理系统，强化信息安全技术研究与应用。加强网络安全态势感知、监测预警和应急处置能力建设。加强网络安全大数据挖掘分析，全天候全方位感知网络安全态势。

3. 促进跨界融合

推进全流程智能服务。加强感知和信息收集系统、通信网络、综合管理等智能服务支撑技术研究。加快传感器、控制系统和工业 APP 发展，大力推进物联网建设，提升动态感知、辅助决策、智能配送等生产服务能力。发展"制造即服务"业务，在设计、制造、检测、认证、营销、维护等领域探索开展运营服务。加快智慧物流体系建设。发展工业电子商务。探索网络化定制、全渠道营销、服务到户等多种线上线下融合发展方式。

推进资源协同。创新以消费者为中心，以个性化定制、柔性化生产和社会化协同为主要特征的智能服务网络。引导制造业企业跨领域、跨地域协同，建立大数据联盟等产业链合作组织。强化智能服务与智能产品的交互融合。利用智能数据促进多行业、多领域融合，构建跨部门智能服务生态体系。

（三）全民参与

凝聚社会力量。政府、企业、公众统一认识，形成合力，深挖服务需求，丰富服务内容，畅通服务渠道，提升服务层次。

推进社会协同。强化大众创业、万众创新和"互联网＋"政策引导，充分利用众创、众包、众扶、众筹等服务平台，促进创客、公共服务、消费者与企业之间互动融合，促进分享经济推广普及，营造有利于智能服务创新发展的生态环境，推动新服务、新模式竞相涌现。

# 区域篇

# 第九章  东部地区

我国东部地区以其雄厚的经济实力、较快的发展速度,成为服务型制造最活跃的地区。东部地区包括北京、天津、上海、河北省、山东省、江苏省、浙江省、福建省、广东省、海南省、台湾地区、香港和澳门特别行政区。2016年,全国实现国内生产总值744127亿元,较上年同期增长6.7%。其中,第一、二、三产业分别较上年同期增长63671亿元、296236亿元和384221亿元(增长率分别为3.3%、6.1%和7.8%)。2016年全国工业增加值为69752亿元,较2015年增长6.0%。中国东部地区实现国内生产总值403734.1亿元,全地区GDP占全国比重为54.3%。其中广东省不仅在东部地区排名第一,更是全国第一,2016年地区国内生产总值高达79512.1亿元,较同期增长7.5%。江苏省、山东省和浙江省位列全国和东部地区排名第二、三、四,天津和福建省增幅高于8.0%,其他地区增幅均超过6.5%(见表9-1)。

表9-1  2016年东部地区生产总值指标

| 全国/地区 | 生产总值 | | | |
|---|---|---|---|---|
| | 绝对数(亿元) | 位次 | 增幅(%) | 位次 |
| 北京 | 24899.3 | 8 | 6.7% | 7 |
| 天津 | 17885.4 | 9 | 9.0% | 1 |
| 河北 | 31827.9 | 5 | 6.8% | 6 |
| 上海 | 27466.2 | 7 | 6.8% | 6 |
| 江苏 | 76086.2 | 2 | 7.8% | 3 |
| 浙江 | 46485.1 | 4 | 7.5% | 5 |
| 福建 | 28519.2 | 6 | 8.4% | 2 |
| 山东 | 67008.2 | 3 | 7.6% | 4 |
| 广东 | 79512.1 | 1 | 7.5% | 5 |
| 海南 | 4044.5 | 10 | 7.5% | 5 |
| 合计 | 403734.1 | — | — | — |

资料来源:全国与各省统计公报,赛迪智库产业所整理。

# 第一节 发展概况

## 一、东部地区制造业在全国的发展地位

东部地区占中国经济比重超过 50%，是中国经济的"压舱石"。2016 年东部地区占全国工业总量前五位的江苏、广东、山东、浙江，工业增加值增速都超过全国平均水平。2016 年全国工业经济缓中趋稳、工业结构持续优化，新旧动能加快转换。2016 年全年全部工业增加值 247860 亿元，比上一年增长 6.0%。其中，工业战略新兴产业增加值 10.5%，高技术制造业和装备制造业增加值增长 10.8% 和 9.5%，分别占规模以上工业增加值比重的 12.4% 和 32.9%。东部地区工业呈现稳定增长趋势，其中有 6 个省（市）规模以上工业增加值增速高于全国增速，制造业在其中做出巨大贡献。从工业企业经营业绩来看，2016 年全国规模以上工业企业实现利润总额 68803.2 亿元，比上年增长 8.5%。制造业实现利润总额 62397.6 亿元，增长 12.3%。东部地区工业企业利润增长较为显著，有 7 个地区利润增速高于全国水平，这是因为东部地区工业转型升级起步早，经历了较长时间的发展，企业盈利能力逐步提升，另外还由于东部各省市在各级政府的引导下，积极推进供给侧结构性改革，有效改善工业行业产业发展大环境，努力向制造强国的目标迈进。2016 年东部各地区规模以上工业增加值增速与工业企业利润总额增速详见表 9 – 2。

表 9 – 2 2016 年东部地区规模以上工业增加值增速与工业企业利润总额增速情况

| 全国/地区 | 规模以上工业增加值增速（%） | 利润总额累计增速（%） |
|---|---|---|
| 全国 | 6.0 | 8.5 |
| 北京 | 5.1 | − 0.7 |
| 天津 | 8.4 | − 0.8 |
| 河北 | 4.8 | 18.9 |
| 上海 | 1.1 | 9.0 |
| 江苏 | 7.7 | 10.0 |

续表

| 全国/地区 | 规模以上工业增加值增速（%） | 利润总额累计增速（%） |
|---|---|---|
| 浙江 | 6.2 | 16.1 |
| 福建 | 7.6 | 19.5 |
| 山东 | 6.8 | 1.2 |
| 广东 | 6.7 | 11 |
| 海南 | 2.6 | 13.4 |

资料来源：国家统计局国家数据，赛迪智库产业所整理。

2011 年以来，全国制造业销售产值占工业销售产值的比重不断加大，东部地区也呈现同样趋势。2015 年全国工业销售产值 1104026.7 亿元，制造业销售产值 989362.2 亿元，占比重 89.6%。东部地区在 2015 年全年工业销售产值达到 640365.3 亿元，占全国总工业销售产值的 58.0%。东部各地区数据显示，东部地区制造业对工业的贡献作用进一步提高。东部地区制造业销售产值在 2015 年为 592283.4 亿元，占东部地区工业销售总产值的 59.8%，高于全国水平 1.8 个百分点。从东部各个地区来看，上海市、江苏省、浙江省、福建省、山东省和广东省制造业销售产值占比均超过 90%，其中上海市和江苏省尤为突出，该数据分别为 95.2% 和 96.2%。

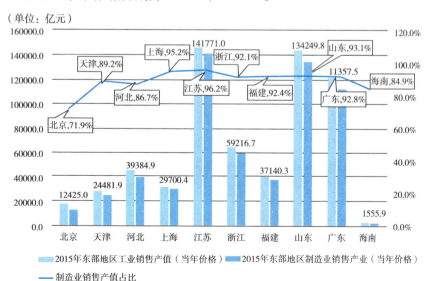

图 9–1　东部各地区工业和制造业销售产值和占比情况

资料来源：中国工业统计年鉴 2016。

### 二、制造业转型升级，新旧动能加快转换

2016 年工业投资稳步增长，制造业投资增速出现较大幅度的回升，为新动能发展储备力量。2016 年，工业投资为 227892 亿元，较 2015 年增长 3.6%。从工业内部结构看，高技术产业、转型升级等领域投资都显示出较快增长。具体来说，工业高技术产业投资 22787 亿元，比上年增长 14.2%，增速比工业投资高 10.6 个百分点；占全部工业投资的比重为 10%，比上年提高 0.9 个百分点。2016 年制造业投资 187836 亿元，较上一年增长 4.2%。从制造业内部结构来看，主要产业投资均有所优化和提升。2016 年装备制造业投资 75468 亿元，较上年增加 4.4%，对全国整个制造业的贡献率为 41.9%；食品、服装、健康等相关产业的消费品制造业投资 53726 亿元，增长 8.1%。高能耗制造业投资下降 0.9%，振幅收窄 0.5 个百分点。

2016 年，东部地区各省（市）随着供给侧改革持续推进，以科技创新为主要动力，推动产业融合，促进先进制造业、高技术产业、新兴产业飞速发展。装备制造业、高技术产业增速加快，战略性新兴产业快速成长，新兴工业产品产量高速增长。

根据东部各省（市）数据显示，汽车制造业和电子设备制造业推动制造业稳步发展。2015 年，东部地区规模排名在前五的分别为通信设备制造业、计算机及其他电子设备制造业、电器机械及器材制造业、汽车制造业、化学原料及化学制品制造业、黑色金属冶炼及压延加工业。浙江省的高新技术产业和装备制造业对工业的贡献率超过 50%，江苏省的 3D 打印和工业机器人等产品增速保持 70% 以上。东部地区的工业转型升级也高于全国平均水平。2016 年，天津市制造业增加值占规模以上工业增加值的 36.1%。其中，汽车制造、航空航天、电气机械、专用设备作为装备制造业的主体，行业分别增加 11.9%、14%、22.3% 和 12.2%。江苏省 2016 年全年规模以上工业中，计算机、通信和其他电子设备制造业、电气机械及器材制造业、通用设备制造业、汽车制造业和专用设备制造业分别实现产值 19438.7 亿元、17986.5 亿元、9401.6 亿元、7967.7 亿元和 6450.7 亿元。

### 三、创新投入情况

在新科技革命的大背景下，全国都将科技创新放在重要战略位置，不断加大在科技研发投入的力度，在 2015 年全国研究与试验发展（R&D）经费支出超过千亿元的 5 个省（市）均在东部地区，分别为江苏（占 12.7%）、广东（占 12.7%）、山东（10.1%）、北京（占 9.8%）和浙江（占 7.1%），2016 年东部地区继续保持在研发投入上的规模优势，东部地区的广东（占 13%）、江苏（占 12.9%）、山东（占 10%）、北京（占 9.5%）、浙江（占 7.2%）和上海（占 6.7%）包揽了全国 6 个在研究与试验发展（R&D）经费支出超过千亿元。2016 年东部地区研究与试验发展（R&D）经费共 9628.9 亿元，占全国总额的 67.95%，相较于 2015 年提高了 0.16 个百分点。

图 9 - 2　2015 和 2016 年全国和东部地区研究与试验发展（R&D）经费情况

资料来源：2015 和 2016 年全国科技经费统计公告。

全国分产业部门看，高技术制造业研究与试验发展（R&D）经费 2915.7 亿元，投入强度（与主营业务收入之比）1.9%；装备制造业研究与试验发展（R&D）经费 6176.6 亿元，投入强度为 1.51%。计算机、通信和其他电子设备制造业研究与试验发展（R&D）经费投入 1811.0 亿元，投入强度为 1.82%；医药制造业研究与试验发展（R&D）经费 488.5 亿元，投入强度为 1.73%（制造业分行业情况详见表 9 - 3）。在规模以上工业企业中，研究与试验发展（R&D）经费投入超过 500 亿元的行业大类有 7 个，这 7 个行业的经费占全部规模以上工业企业研究与试验发展（R&D）经费的比重为 60.2%（详情见表 9－3）。

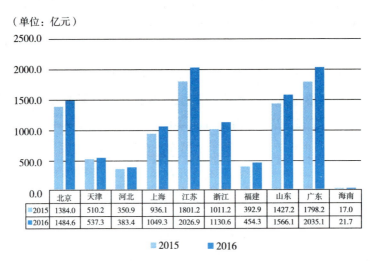

（单位：亿元）

| | 北京 | 天津 | 河北 | 上海 | 江苏 | 浙江 | 福建 | 山东 | 广东 | 海南 |
|---|---|---|---|---|---|---|---|---|---|---|
| 2015 | 1384.0 | 510.2 | 350.9 | 936.1 | 1801.2 | 1011.2 | 392.9 | 1427.2 | 1798.2 | 17.0 |
| 2016 | 1484.6 | 537.3 | 383.4 | 1049.3 | 2026.9 | 1130.6 | 454.3 | 1566.1 | 2035.1 | 21.7 |

■ 2015　■ 2016

**9－3　2015 和 2016 年东部各地区研究与试验发展（R&D）经费情况**

资料来源：2015 和 2016 年全国科技经费统计公告。

**表 9－3　2016 年制造业规模以上工业企业研究与试验发展（R&D）经费情况**

| | R&D 经费（亿元） | R&D 经费投入强度（%） |
|---|---|---|
| 农副食品加工业 | 249.7 | 0.36 |
| 食品制造业 | 152.8 | 0.64 |
| 酒、饮料和精制茶制造业 | 100.6 | 0.54 |
| 烟草制造业 | 21.4 | 0.25 |
| 纺织业 | 219.9 | 0.54 |
| 纺织服装、服饰业 | 107.0 | 0.45 |
| 皮革、毛皮、羽毛及其制品和制鞋业 | 59.0 | 0.39 |
| 木材加工和木、竹、藤、棕、草制品业 | 52.9 | 0.36 |
| 家具制造业 | 42.9 | 0.49 |
| 造纸和纸制品业 | 122.8 | 0.84 |
| 印刷和记录媒介复制业 | 46.8 | 0.58 |
| 文教、工美、体育和娱乐用品制造业 | 91.9 | 0.54 |

续表

| | R&D 经费（亿元） | R&D 经费投入强度（%） |
|---|---|---|
| 石油加工、炼焦和核燃料加工业 | 119.6 | 0.35 |
| 化学原料和化学制品制造业 | 840.7 | 0.96 |
| 医药制造业 | 488.5 | 1.73 |
| 化学纤维制造业 | 83.8 | 1.08 |
| 橡胶和塑料制品业 | 278.8 | 0.86 |
| 非金属矿物制品业 | 323.1 | 0.52 |
| 黑色金属冶炼和压延加工业 | 537.7 | 0.87 |
| 有色金属冶炼和压延加工业 | 406.8 | 0.76 |
| 金属制品业 | 326.3 | 0.81 |
| 通用设备制造业 | 665.7 | 1.38 |
| 专用设备制造业 | 577.1 | 1.54 |
| 汽车制造业 | 1048.7 | 1.29 |
| 铁路、船舶、航空航天和其他运输设备制造业 | 459.6 | 2.38 |
| 电气机械和器材制造业 | 1102.4 | 1.50 |
| 计算机、通信和其他电子设备制造业 | 1811.0 | 1.82 |
| 仪器仪表制造业 | 185.7 | 1.96 |
| 其他制造业 | 28.1 | 1.02 |
| 废弃资源综合利用业 | 11.0 | 0.27 |
| 金属制品、机械和设备修理业 | 17.8 | 1.47 |
| 合计 | 10580.3 | 1.01 |

资料来源：2016 年全国科技经费统计公告，赛迪智库产业所整理。

东部地区 2015 年申请专利数量有所下降，但有效发明专利数仍然有 87%的比重，专利申报成功率较历史水平有所提高。当年有效发明专利数占比高出 R&D 经费内部支出占比 10 个百分点，比上年增加 1%，科研创新效率进一步提升。根据 2016 年高技术产业年鉴数据显示，东部地区医药制造业、电子及通信设备制造业、计算机及办公设备制造业、医疗仪器设备制造业和信息化学品制造业 R&D 经费内部支出占全国这些行业 R&D 经费内部支出的比重均超过 60%。其中，电子及通信设备制造业占比达到 83.72%，医疗设备制造业占比达到 80.85%（详情见图 9 - 4）。

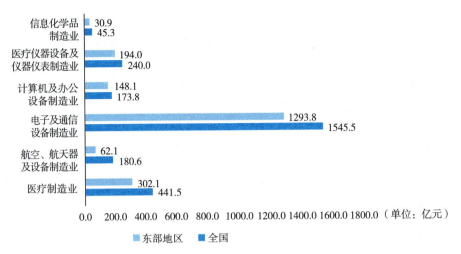

图 9 – 4    2016 年全国和东部地区研究与试验（R&D）经费内部支出情况

资料来源：2015 和 2016 年全国科技经费统计公告。

## 第二节    服务型制造成果

按照《中国制造 2025》关于发展服务型制造业的战略部署，根据《发展服务型制造专项行动指南》的精神，东部各省市地区政府部门积极响应，制定落地实施的政策体系，采取多项措施助力发展服务型制造业，推动制造业转型升级，加快动能转换，以创新推动制造业发展。鼓励制造业企业紧跟"互联网＋"的潮流，促进制造业与服务业融合发展，推进制造业转型升级。东部各省市以创新为立足点，根据自身发展的特色和优势，重点着力于创新设计、定制化服务、供应链管理、网络化协同制造、服务外包、产品全生命周期管理、系统解决方案、信息增值服务、金融支持服务和智能服务等十个模式，促进服务型制造的发展。

### 一、做好规划引领，完善政策体系

2016 年，自《发展服务型制造专项行动指南》发布后，东部地区结合自身制造业发展目标和工业领域相关"十三五"发展要求，纷纷出台推进服务型制造发展规划和实施意见，推动各项政策措施落地实施。

广东省推出《广东省工业和信息化领域生产服务业发展"十三五"规划》，重点明确服务型制造发展需要的环境支持、总体要求、主要目标和保障措施。着眼到相关领域，制定了《广东省"互联网＋现代物流"专项实施方案（2016—2020 年)》，来营造发展服务型制造的政策环境，普及服务型制造概念。上海市制定《上海市设计之都建设三年行动计划》和《上海市创意与设计业"十三五"发展规划》重点支持工业设计的发展，鼓励支持企业设立工业设计中心，发展设计创新服务平台。江苏省编制出台《江苏省"十三五"工业设计产业发展规划》，确定了以工业设计产业重点助推制造业转型升级和供给侧结构性改革的重要内容。

福建省印发了《2016 年服务型制造工作专项》，发布《福建省发展服务型制造实施方案（2017—2020 年)》明确服务型制造工作的重点和发展的方向。浙江省在结合自身实际与课题研究的基础上，制定了《浙江省服务型制造工程实施意见》和《关于加快推进工业设计发展的指导意见》，明确以价值链为主线，着重体现服务型制造对价值链前、中、后各环节的提升作用，并提出五大行动（设计服务提升行动、制造效能提升行动、网络营销提升行动、产品延伸服务行动、客户价值提升行动）和十七项任务。河北省印发了《关于转发〈发展服务型制造专项行动指南〉的通知》，在《关于加快发展"大智移云"的指导意见》中明确提出大力支持服务型制造发展。

## 二、推广典型示范，完善平台建设

东部各省市将创新设计作为战略引领，重点发展工业设计，建立工业设计平台。其中广东省、浙江省、福建省、山东省、江苏省成果尤为显著。

2016 年 7 月，发展服务型制造专项行动现场会议在江苏省南京市召开，同时以江苏为首发站启动了服务型制造万里行活动。江苏省积极开展全省服务型制造示范企业评定工作，两批共评选出 120 家服务型制造示范企业和示范培育企业。选定 80 家服务型制造企业，编印了《服务型制造典型案例汇编》。福建省印发了《关于组织 2016 年福建省服务型制造示范企业的通知》和《2016 年省级服务型制造公共服务平台的通知》，明确量化了申请条件，旨在充分发挥示范引领作用，提升服务型制造整体发展水平。

广东省以提供工业设计、供应链管理和服务外包等模式为主要内容，完善生产服务业体系，2016 年确定 14 个生产服务业功能区作为广东省生产服务业功能区示范单位。广东省拥有 11 个国家及工业设计中心，位居全国首位，已认定的省级工业设计中心数量达到 28 个。首次向省外境外开放举办"省长杯"工业设计大赛，并增设装备制造专项赛，收到参赛作品多达 20470 件，是上届的 2.4 倍。与此同时，全国大学生工业设计大赛在广东永久落户。通过工业设计大赛和工业设计展平台展示工业设计成果，进一步深度发展工业设计。

山东省也充分利用"省长杯"工业设计大赛的引导、激励和示范作用，以"设计引导，创新供给"为主题在全省具有优势的产业下的 10 个行业征集和评选优秀工业设计作品。此举在普及和提升工业设计理念和方法的同时，还将设计创新发展制造业，促进制造业转型升级上升为制造业企业的自觉行动。截至 2015 年底，山东省拥有 9 个国家级工业设计中心企业，15 个省级工业设计中心企业。

福建省也通过举办"海峡杯"工业设计（晋江）大赛，推动优秀工业设计作品产业化。同时"海峡杯"推出了工业设计大赛优秀作品线上展示平台，助力大赛成果与制造业企业的有效对接和成果转化。除了省级工业设计大赛，福建省为打造区域品牌，举办了《首届"张三丰杯"竹产业国际工业设计大赛》，致力于地方特色产品设计开发。与广东省类似，福建省举办了 2016 年"八闽杯"海峡两岸大学生设计工作坊活动，其中 50% 左右的作品可直接落地产业化。

浙江省协助支持中国美院举办"中国设计智造大奖"，对接开展智造大奖佳作在北京、宁波等地的巡展。2016 年 12 月 2 日，浙江省与中国工业设计协会等部门承办了世界工业设计大会，并签订了"关于共同推进浙江省工业设计发展的战略合作协议"。目前浙江省的 16 家省级工业设计示范基地汇集了 825 家工业设计企业，以工业设计推动制造业转型升级和两化融合。

## 三、充分发挥各地自身优势，打造核心竞争力

### （一）定制化服务取得新进展

山东省通过政策引导、典型示范等措施在定制化服务领域取得了瞩目的成绩，其中红领集团"红领模式"、海尔集团"人人自造""互联工厂"和如意科技"如意定制"成果尤为显著。

红领集团采用个性化定制工业化生产模式，将服装、服饰系列产品实现了总客户需求到个性化定制，并以大数据、互联网和物联网等技术为支撑，提供高效便捷的互联网定制平台服务。经过十多年的积累，以客户需求为中心，以生产过程自动化为技术保障，实现规模定制化生产，逐渐形成"红领模式"。其主要特点有：一是将信息化和工业化创造性的深度融合；二是开创了新的产业业态和运营模式，形成新的市场体系；三是以大数据为支撑，建成了3D打印模式工厂；四是创新了生产组织方式，实现了个性化定制的大规模生产。"红领模式"将电子商务与工业有机融合，发展了工业电子商务，为传统制造业向服务型制造转型提供了新的方法和路径。

海尔集团是知名的制造业企业。在互联网时代，海尔也紧跟潮流，大力推行网络化发展战略，持续推进人单合一双赢模式，打造了"互联工厂"等一系列互联网时代的个性化定制新模式。"互联工厂"将工厂与用户需求直接互联对接，由客户自由选择产品的容积、款式、功能，实现深度个性化定制。并通过可视互联，直接在交互的定制平台生成订单，客户可实时掌控订单的每一个流程和细节，对订单进行管理。在生产环节，"互联共产"采用高柔性的自动无人生产线，全面实现设备与设备互联、设备与物联互联、设备与人互联，开启个性化定制——"人人自造"新时代。

如意集团采用"互联网＋纯产业链"的互联网创新发展模式。通过分布在全球各地的子公司，收集客户需求的各种数据，利用大数据对数据技术进行全面分析，根据数据分析结果设计服装流行趋势。而消费者则根据大数据算法推荐的流行趋势来进行选择，无论是原料的配比、色彩的搭配、功能的选择，甚至是印花环节都可以实现自行选择和互联网下单。消费者还可以通过可视化的平台，直观看到服装成衣的效果图。如意集团实现在客户随时随

地，随心所欲订服装。如意集团的个性化定制服务帮助实现了其销售额和产销率持续稳定的增长。

**（二）制造效能提升**

广东省首先在全国范围内开展了供应链管理试点示范工作，分服务型制造和生产服务型两类。确定了 133 家试点企业，涵盖了原材料、装备制造、消费品、电子信息业、工业设计、工业物流、工业电子商务、供应链服务等八个行业。除此之外，广东省还开展了"互联网＋供应链管理"工作，借鉴深圳一达通、佛山众陶联等发展模式的经验，主办广东供应链管理峰会，进一步优化供应链管理的水平。

山东省从推动现代物流专业化、实施制造企业和物流企业联动示范项目工程和培育发展龙头物流企业等方面优化供应链管理。支持重点企业从制造业剥离物流环节，释放物流服务的社会化需求，鼓励物流企业增强一体化服务能力，提升制造业集聚区的整体物流服务功能。另外提出多项鼓励政策，重点扶持大型制造业企业实施主辅剥离。目前，山东省 85% 以上的规模企业，采取多种方式分离外包了物流服务功能，形成了不同形式的两业联动发展模式。

浙江省强化制造企业在供应链中的主导地位，鼓励企业通过改善上、下游供应链关系，促进信息流、资金流和物流的协同整合，提升供应链整体效率和效益。通过合并相同业务流程取得规模效应，通过时间优化提高效率，通过信息共享实现"零"库存。联合杭州市开展了企业供应链管理精益化服务推广，通过老板集团、贝因美与第三方中邮物流合作，成为在物流效率提升 50% 的基础上成本下降 50% 的典型案例，在制造业网络营销重点企业中强调了供应链管理的重要性，进一步引导制造企业优化供应链管理，加速向服务型制造转型。

**（三）支持外包服务发展**

上海市发展总集成总承包，实现服务带动制造业升级。2016 年 1—9 月，全市总集成总承包服务实现营业收入 6168.5 亿元，同比增长 11.5%，在生产性服务业重点发展领域中保持领先增长，成为拉动投资和就业的重要领域。上海在推动总集成总承包发展中主要围绕鼓励制造业企业延伸价值链，提升产品和服务价值；按照"以企业为主体、项目为抓手、资金做引导"的思路，重点支持智能化系统解决方案、带动国内产能转移的工程总承包和传统行业的总集成总承包新模式应用等项目，2016年累计扶持总集成总承包项目16个，服务领域涉及电气电站、新能源、装配式建筑设计、农业现代化、生物医药研发、通信电子、物流供应链、检验检测、节能环保等，支持了电气、宝钢、中船、中国电力等一批制造业企业的服务化转型，培育了一批例如三菱电梯等具有较强自主创新能力和集成服务能力的"上海服务"供应商，进一步提升了服务型制造的基础能力。

### 四、加强财政支持，强化政策支撑

广东省设立升级生产服务业专项资金，每年额度8000万元。希望通过这一举措营造发展生产服务业的良好政策环境，并期望能过大力普及服务型制造在社会和制造业企业中的认知度，有利于今后服务型制造相关工作的开展。

福建省重点培育服务型制造示范企业，推进重点项目、公共服务平台和信息化建设，并针对不同的情况相应给予财政奖励、税费优惠和用地保障。在工业设计方面，每年安排1000万元专项资金，重点支持工业设计建设，工业设计与制造业融合发展。

江苏省《关于下达2016年省级工业和信息产业转型升级专项资金指标的通知》旨在培育示范项目，加大对重点项目的扶持，着重扶持基础条件好、服务水平高、市场竞争力强的服务型制造重点项目。并且在《关于下达2017年省级工业和信息产业转型升级专项资金指标的通知》计划在2017年在省内评选出100家服务型制造示范、示范培育企业，予以重点培育和指导，省相关产业发展、转型升级引导资金对示范、示范培育企业服务型制造项目予以优先支持。

## 第三节　发展启示

### 一、主要问题

（一）认识不深刻。服务型制造在我国现在仍处于探索发展的阶段，业内对发展服务型制造的重要意义和现实路径都缺乏深刻的认识，"重制造轻服务"的现象各地区和不少企业中仍然普遍存在。制造业企业的传统业务大多数集中在加工制造环节，企业擅长制造而服务却是短板，对企业在进行服务型制造转型中面临新的竞争格局、新的商业模式的理解和掌控能力、转型过程中所必需的管理变革及资源配置要素等缺乏清晰认识和深刻理解，因此企业发展服务型制造的内生动力不足。

（二）公共服务有待加强。尽管国家和各省级层面均出台了一系列政策措施支持服务型制造发展，但配套的公共服务仍旧不能满足服务型制造的发展需要。真正发挥作用的生产性服务功能区和公共服务平台数量不足，无法形成强大的区域辐射能力，支撑面广量大的企业实现服务型制造转型。

（三）核心技术薄弱、人才匮乏。虽然各省高度重视人才引进和培养，但总体上还不能满足当前服务型制造发展的需要。特别是缺少既了解生产工艺又了解技术应用的复合型专业人才和领军型人才。自动控制与感知关键技术、核心工业软硬件、工业互联网、工业云与服务平台等制造业新型基础设施的技术产业支撑能力不足。

（四）发展不够平衡。服务型制造发展呈现行业、模式和区域分化特征。一些行业领军企业和特色优势企业已向服务型制造成功转型，但大部分企业仍处在价值链的低端服务环节，尚未实现深度的制造业服务化。

## 二、发展建议

（一）深入开展业务培训。通过组织服务型制造培训班、完善网上培训平台等形式，全面提升服务型制造意识和水平，并通过开展服务型制造推进会、分行业、分地区组织召开企业现场会等形式，鼓励本地企业学习借鉴先进成熟的商业模式，针对行业特点进行服务化模式创新、改进组织模式，加快制造企业的服务化转型。

（二）优化产业发展环境。加大信息通信和互联网技术对服务型制造的支撑服务力度，实施智能服务基础设施建设，建设区域性综合服务和行业性专业服务平台，不断提升服务水平。瞄准产业价值链高端，着眼于技术创新研发和服务体系建设，健全科技创新、研发设计、试验测试、设施共享、人才培训等服务功能，推进协同设计、个性化定制、全生命周期管理和融资租赁等重点领域的公共服务，着力打通产业链上下游企业之间的协作渠道，逐步降低企业合作的社会成本和信用风险，推动市场竞争由单个企业的竞争向产业链、供应链和价值链竞争转变，推动企业在服务中增值。

（三）强化人才队伍建设。通过建立和完善服务型制造专家库，搭建产学研横向交流平台。依托政府部门、制造企业、科研单位力量，形成服务型制造的政策咨询、行业诊断、人才培训智囊团，打通政策制定者、理论研究者和企业决策者之间的沟通壁垒，推动相关信息共享和资源整合。同时支持有关科研单位、高校与企业建立服务型制造研究工作站、实训基地，多层次建设人才队伍，为推进服务型制造发展提供智力支持。

# 第十章　西部地区

## 第一节　发展现状

当前，我国西部地区企业的服务型制造发展取得了一定的效果，主要表现为西部地区各省区市的政府出台政策措施引导发展，大力推进工业设计的发展，进一步促进工业和信息化深度融合等。但总体而言，西部地区的服务型制造仍处于探索发展阶段。

### 一、积极推进顶层设计

为促进服务型制造的发展，西部各省区市的政府在国家政策的基础上，着力加强顶层设计，研究发展思路，明确发展的重点、难点，完善相关政策措施，推进体制机制创新，通过相关政策措施引导服务型制造快速健康发展。

2016 年 10 月，重庆市印发《发展服务型制造专项行动计划（2016—2018年)》（渝经信发〔2016〕75 号），主要围绕汽车摩托车、装备制造、电子信息等"6 + 1"支柱产业，以总集成总承包、个性化定制服务、在线支持服务等为重点发展方向，加快服务型制造新模式和新业态培育，引导企业从以加工组装为主向"制造 + 服务"转型。四川印发《四川省服务型制造专项行动实施方案》（川经信服〔2016〕314 号），鼓励开展一体化解决方案服务、推广供应链管理、鼓励定制化服务、推广云制造服务、鼓励实施产品全生命周期管理、引导发展融资租赁服务等 7 项重点任务，明确了发展服务型制造的重点领域和路径。甘肃制定了《中国制造 2025 甘肃行动服务型制造专项实施方案》（中制甘组发〔2016〕4 号），总体目标是服务型制造结构进一步优化，服务型制造活力进一步增强，服务型制造区域布局趋于合理，服务型制造企业竞争力不断提升。陕西发布《关于进一步加快落实〈发展服务型制造专项行动指南〉的通知》（陕工信发〔2017〕226号），提出构建"高端化、智能化、绿色化、服务化"的特色服务型制造生态体系，在突出"制造"的基础上，不断强化服务要素在制造业投入和产出中的比重，向"制造＋服务"转变。新疆制订了《新疆维吾尔自治区发展服务型制造专项行动方案》，主要目的是提高制造效能，延伸产业链，提升价值链，促进制造水平持续提升，推动优势产业做大做强。

## 二、积极推进工业设计的发展

在我国经济进入新常态背景下，工业设计对促进服务型制造的发展，推动产业优化升级具有巨大的推动作用。西部的各省区市积极推进工业设计的发展，坚持把工业设计作为产业链的前段和高端，积极打造以创意、创新、创业为先导的工业设计产业聚集区，将提升工业设计能力作为深入推进供给侧结构性改革的重要抓手。

大力培育工业设计中心。大力发展以国家级工业设计中心为龙头，省级工业设计中心为骨干，市级工业设计中心为基础的工业设计创新体系。通过认定和培育工业设计中心的示范带动作用，积极引导和支持工业设计产业发展。如，甘肃省的省级工业设计中心已达到26家，成功推荐甘肃大禹节水集团股份有限公司入选全国工业产品生态（绿色）设计试点企业。贵州出台《贵州省工业设计中心认定管理办法（试行）》，并完成了首批6家省级工业设计中心的认定。2016年，四川新增培育省级工业设计中心7家。广西制定《关于促进广西工业设计产业发展的指导意见》（桂跨越办〔2016〕1号），注重着力加强产品外观设计、包装设计和装备技术改造升级。云南省启动省级工业设计中心的评审认定工作。

举办工业设计大赛，提升设计水平。如，2016年，四川举办了"天府·宝岛工业设计大赛"，同时，与国际设计协会理事会（ico－D）共同主办了"国际创客联合实践项目"。甘肃省举办了第二届"创新杯"工业设计大赛，以"设计引领，创新融合"为主题，以创新驱动为导向，融合设计与产业，搭建展示平台，促进工业设计与制造业互动发展，参赛数量和参赛质量都超过了首届，省内有 330 家企业参加，1100 余名设计人员参与，参赛的产品共有 934 件。重庆举办了"长江杯"工业设计大赛。

积极推动工业设计成果转化，将工业设计切实转化为工业生产力。如，四川通过项目引导、作品巡展、成果对接等活动，搭建工业设计公共服务平台，支持了约 100 项设计成果的转化。贵州出台相关促进科技成果转化的实施方案，鼓励企业利用创新载体，促进工业设计成果的转化。

### 三、推进示范企业和示范区建设

西部地区立足资源优势、产业优势，积极筛选、推荐及培育示范企业、示范项目和示范平台。以服务型功能示范区和示范企业为载体，提升企业服务型制造的发展水平，推动产业结构优化升级和经济发展方式转变。

甘肃省出台了《甘肃省生产性服务业功能示范区及示范企业认定管理办法》，将酒泉经济技术开发区新能源装备制造产业基地等 3 家单位认定为 2016 年甘肃省生产性服务业功能示范区；将钢筑诚有限公司等 10 家企业认定为 2016 年甘肃省生产性服务业示范企业，并全部予以命名授牌。2016 年，四川省培育 30 家省级服务型制造示范企业，培育 2 个云制造公共服务平台，支持一批重点服务型制造项目。陕西省发布《关于开展服务型制造示范遴选申报工作的通知》，鼓励企业积极申报试点示范企业。贵州省的中航力源、遵义金兰铝业、长城华冠汽车、天义公司、开磷集团等 50 家企业新型制造模式应用试点取得积极成效。

### 四、促进两化深度融合

一是实施智能制造，聚焦智能制造这一主攻方向，培育融合发展新生态，促进制造业数字化、网络化、智能化发展。积极推进智能制造试点示范培育。如，贵州省制定《贵州省智能制造试点示范项目评价指标体系》，围绕高端装备制造、电子信息、化工、建材等重点领域推进智能制造试点示范培育，遴选出开磷集团等 7 个智能制造示范项目以重点培育。

二是加强新一代信息技术在制造企业的深度应用，提升企业信息化水平。

如，云南省以钢铁、有色、化工等重化工业为主，积极鼓励支持大型传统工业企业围绕工业云、工业互联网、企业大数据中心建设，在企业研发设计、工业生产、经营管理等环节加大新一代信息技术应用力度。云天化集团建成存储空间达到 32TB，搭载 20 多套应用系统的虚拟化平台。贵州全面启动"千企改造"工程，积极运用大数据、"互联网＋"、智能制造等新技术、新模式、新业态推动企业改造升级，2016 年共实施"千企改造"项目 1532 个，完成技改投资 280 亿元。重庆恒通客车有限公司搭建了基于产品效能提升的增值服务 ITS 云平台，提供客运车辆整车运行监控，车辆控制管理、视频监控、智能调度、远程调试等功能及服务，对整车 130 多项故障的远程实时监测预警。

三是加快推进两化融合管理体系贯标及应用。如，云南的两化融合管理体系贯标国家试点企业达到 27 家。云南省工业企业数字化研发设计工具普及率达到 39.6%，关键工序数控化率达到 28.2%，数字化设备联网率达到 24.4%。广西已有 6 家通过工信部的贯标认定，累计组织 1700 多家企业参与了工业和信息化部两化融合自评估、诊断和对标工作。

## 五、积极探索和创新服务模式

积极鼓励企业创新服务模式，积极发展总集成总承包、个性化定制服务、全生命周期管理、智能服务等模式。

从定制化服务模式的培育来看，客户的需求不断朝多样化、个性化方向发展，为适应市场多元化需求，生产个性化定制产品成为制造业发展的一种必然趋势。如，广西积极鼓励制造业企业增强定制设计和柔性制造能力，实现生产制造与市场需求高度协同。柳工装载机公司通过打造柔性生产线，将装配节拍提升到 8.2 分钟/台，制造周期从 1.5 天缩短至 1 天，整机制品存量从 64 台降低至 42 台。玉柴集团实施发动机个性化定制智能制造新模式项目，建立数字化铸造专家系统、智能化铸件清理系统等，通过智能制造手段应用，实现发动机个性化定制智能制造新模式。广西明匠智能制造公司可以按照客户需求设计个性化、定制化设备，提供智能工厂（车间）的交钥匙工程。重庆段氏服饰实业有限公司开展了面向个性化定制的服装智能制造模式创新应用，打造段记服装大数据、个性化定制3D试衣系统、柔性智能制造工厂、段记商城网、洁美仕干洗平台等，形成"个性化定制＋电子商务＋后服务"的一体化服务型制造新模式，目前已形成96600万个个体版型数据，匹配成功率达到90%以上。

从总集成总承包来看，昆船智能公司可按需求定制，从产品设计就融入服务型制造理念，有效提升产品价值链。主要产品自动导引运输车（AGV）是目前物流自动化系统中最为关键的设备之一，有多种导引形式和驱动方式，可用于汽车、发动机、食品、医药、化工、造纸/印刷、国防等行业。昆明昆船逻根机场物流系统有限公司主要从事行李处理系统的设计、制造和系统集成，可以提供全套的行李处理产品和系统解决方案，包括控制、集成软件和服务能力；2016年3月，该企业中标了"武汉天河机场三期扩建工程T3航站楼行李处理系统项目"。

# 第二节　面临的主要问题与挑战

我国西部地区的服务型制造的发展虽然取得了一定的成绩，但总体上来看，西部地区的工业化、信息化水平与东部地区存在较大差距，而且，西部地区服务型制造的发展仍处于缓慢发展阶段，与国内先进地区相比，仍存在较大的差距，服务型制造的带动、转换和辐射等作用未充分发挥出来。总体上来看，服务型制造发展仍面临发展不均衡、缺乏示范性带动项目等问题。

## 一、产业规模偏小，发展不平衡

西部地区工业经济发展基础薄弱、结构不尽合理、传统资源型产业比重较大、新兴产业发展不足，服务型制造起步较晚，服务型制造规模偏小，发展水平不均匀，地区、行业、企业发展不平衡；相关配套产业链不完整，门类较多，发展方向较为分散，关联度较小，规模效应不足。如，桂西地区服务型制造产业较为薄弱，基本为空白。西藏工业起步晚、基础薄弱、发展层次低，市场经济发育不健全，服务型制造尚未发展起步，目前，基本没有服务型制造产业。内蒙古的服务型制造发展仅仅处于起步阶段。

部分企业的服务型制造具体实施路径仍处于探索阶段，发展水平层次低，产品附加值不高，大部分企业仍只能提供安装或维修等基本服务，在全国的产业分工体系中处于较低端。企业在基于客户需求的市场研究及开拓、整体解决方案实施、产品跟踪反馈等方面体制机制不够完善，总集成、总承包方面人力、财物投入不足、承揽能力不强。

## 二、企业自主创新能力偏弱，缺乏技术积累

西部地区的企业的创新能力与全国平均水平相比，存在一定的差距，自主创新多以外援性为主，内生性和竞争性创新能力相对缺乏。如，2016 年，甘肃 R&D 人员在全国居倒数第 6 位，约 52.7% 的企业没有开发自主知识产权新产品能力。西部地区缺乏勇于创新的环境，体制机制不完善，尚未形成大众创业、万众创新的政策环境和社会氛围。经济与科技对接、产业与创新成果对接、现实生产力与创新项目对接、研发人员创新劳动与其利益收入对接机制尚不完善。

许多企业从事的是生产来料加工的低端装配产品，处于产业价值链的中低端环节，或是关键技术、基础元件受制于人，自主创新能力偏弱，缺乏支撑自主创新的技术积累，所以导致企业产品附加值小，沉没成本和转换成本高等问题。

## 三、高端人才紧缺，人才引进存在难题

西部地区研究服务型制造的高等院校和科研院所数量相对较少，从事科研技术的人员数量相对偏少，专业主要集中在传统产业或传统领域，移动互联网、云计算、大数据、物联网等新兴产业人才比较缺乏。我国西部地区有些地方经济发展相对落后，人文环境、自然环境、工资待遇水平等条件与东部沿海地区相比基本没有什么优势，导致西部地区部分人才流向发达地区，而且引进高端人才存在一定的困难。

#### 四、企业资金短缺，融资存在一定困难

服务型制造产业是高资金投入产业，企业新产品的研发投入资金大，开发周期长。企业资金短缺，融资困难，导致技术和产品研发投入乏力，制约了行业技术的升级和产品更新换代。企业自有资金不足，申请固定资产贷款难，多数相关企业资产规模较小。部分贷款融资担保机构达不到相关贷款银行合作条件。

#### 五、公共服务不完备，支撑能力有待进一步加强

服务型制造通常涉及跨行业、跨领域的融合创新，更需多领域资源合作，需要有一定的公共服务进行支撑。当前，我国西部地区尚未形成有针对性的技术支撑和政策支撑体系，基础性的社会化服务体系，尤其是在引导企业对接市场需求，深化产业链协作等方面的服务尚不能满足服务型制造的发展需要。尤其是中小企业发展服务型制造更需第三方公共服务平台的支撑。

## 第三节　对策建议

针对当前西部地区发展服务型制造所面临的主要问题，应采取必要的措施，塑造良好发展环境，以促进我国西部地区服务型制造的发展，提升企业竞争力，促进产业结构的优化。

#### 一、加强规划引领和政策支持

认真贯彻落实好国家发布的相关政策，如，《发展服务型制造专项行动指南》（工信部联产业〔2016〕231号），确定本地区服务型制造发展的目标任务、重点领域、发展方向和保障措施等，引导服务型制造的发展。由于各工业企业的发展水平高低不同，政府政策引导也需个性化定制。落实各项财税政策，加大财政支持力度，完善金融政策，拓宽融资渠道，鼓励金融机构开发适应服务型制造需要的产品和服务，探索建立投资基金。鉴于目前服务型

制造尚无统一的指标体系，工业和信息化部应牵头出台统一的认定标准或者提出部分关键指标，便于各级政府更好地推动服务型制造的发展。

## 二、强化技术创新能力

依托研究机构、高校和大企业的研究开发能力和技术辐射能力，加快研发中心建设，开展产业应用技术的研发、转化和服务，填补上游基础研究和下游企业产品生产之间创新链的空白。对现有的重点实验室提升改造，培育若干国内一流科研机构，建设一批高水平的研究基地和优势学科，逐步形成特色鲜明的知识创新体系。加大研发投入，提高企业创新能力。继续发挥政府在"产学研合作"中的主导作用，通过完善相关政策，加强"产学研合作"的组织、协调、管理，不断完善相关服务体系，促进企业与高校科研单位加强合作、优势互补，加速科研成果的转化和推广。

## 三、加强服务型制造重点企业和项目的培育

以制造为基础、服务为导向，引导制造业企业创新商业模式，延伸服务链条，提升服务的价值。结合不同行业特点与实际，遴选出较为成熟、服务配套、高端高效的服务型制造企业开展试点示范，健全示范管理制度，鼓励示范企业广泛开展业务交流，引导制造业企业加快转型升级步伐，实现以产品制造为核心向产品加服务、提供整体解决方案转变。

积极推动制造企业结合产品特点、企业实际和行业特征，加大服务环节投入，在研发、设计、物流、营销、品牌推广、系统集成等方面形成一批重点项目，从中筛选出基础条件好、服务水平高、市场竞争力强的服务型制造重点项目，优先给予政策资金支持。加快发展创新设计、总集成总承包、个性化定制、在线支持服务、全生命周期管理、仓储物流等服务型制造重点领域，实施一批服务型制造示范项目，通过示范引领作用，增强产业支撑能力和辐射带动能力。积极总结和推广示范企业、示范项目、示范园区和创新模式案例和经验。

## 四、加强人才队伍建设

构建支撑制造业发展的人才培养和引进体系，多层次建设服务型制造人才队伍。拓宽人才引进渠道，加快高端化、复合型人才的培养和引进，建设"经营管理人才＋专业技术人才＋技能人才"的服务型制造人才发展体系。依托重点人才工程，加大服务型制造领域人才培养力度。支持制造业企业与高校、研究机构等加强合作，开展有针对性的培训，提高相关人才的技能。不断强化对人才的服务能力，完善人才的流动、激励等机制。

## 五、营造良好的产业发展生态环境

加快政府职能转变，规范市场秩序。推进服务型制造联盟发展，科研院所、工业企业、软件和信息服务企业、第三方行业机构等共同推进服务型制造发展。统筹企业、研究机构等资源，通过形式多样的主题论坛、宣贯会、专家交流、企业座谈等活动加强对服务型制造的宣传。举办服务型制造培训班，与专业培训机构加强合作，加强服务型制造相关培训，通过专家讲解、案例分析、现场观摩、互动交流等形式进一步提高对服务型制造的认识和水平。依托政府部门、制造企业、科研单位力量，建立服务型制造专家库，为推进服务型制造发展提供智力支持。完善研发设计、产业技术基础、协同制造、定制化服务、供应链管理、信息增值服务和融资租赁等领域的公共服务。

# 案例篇

# 第十一章　创新设计服务

## 第一节　小米科技创新——设计极简主义

### 一、基本情况

北京小米科技有限责任公司（简称：小米），成立于 2010 年 4 月，是中国一家专注于智能硬件、智能家居以及软件开发的企业。小米手机、米聊，MIUI 是小米公司旗下的三大核心业务，"为发烧而生"是小米的产品理念，小米公司首创用互联网模式开发手机操作系统，发烧友参与改进的模式①。

团队构成：小米公司生态链业务和小米手机的工业设计由联合创始人、副总裁刘德直接领导。下分移动终端设计、CMF 设计（色彩、材料和表面工艺）、生态链设计三大团队。

设计划分：按产品类型划分，小米设计可分为高端智能手机、互联网电视、路由器等核心产品；手机保护套、耳机等手机附件；空气净化器、智能体重秤等智能家居。其中智能手机、路由器由小米科技公司自主研发，互联网电视、小米盒子等产品由小米科技的合作公司进行研发。按工作类型划分，小米设计可分为工业设计、CMF 设计两大块。移动终端设计团队、生态链设计团队管理各自业务线下的工业设计，CMF 设计则为所有业务线提供设计技术支持。

---

① 小米集团官网：https：//www.mi.com。

## 二、主要做法

设计特点——合理的极简

在老牌公司面前，2010年成立的小米公司虽然只是一只初生的牛犊，然而在短短的几年时间之内，其骄人的设计成就却令人对其刮目相看。2011年底第一代小米手机正式网络售卖，30万台手机在5分钟内售罄；2012年与2013年，小米二代、小米手机电信版、红米手机等系列产品陆续推出；如今，小米的业务更是拓展到电视、机顶盒、路由器、移动电源、耳机、随身Wi-Fi、服饰等多个领域。据统计，2015年，小米科技的营收约为780亿元。小米在2017年的小目标，那就是整体收入突破千亿，并聚焦5大核心战略：黑科技、新零售、国际化、人工智能和互联网金融。不到七年的时间创造跳跃式的业务增长奇迹，使得小米科技异军突起，迅速进入人们的视线。

对于设计，他们开发了一套独特的内部方法论——合理之后的极简，以应对公司高速成长之下的各种设计需求。极简，是一种经过思考、一经过设计的返璞归真、小米产品以极简主义的线条、干净大方的现代工业设计与个性化为标准、工整的线条中包含有趣的创意，简约中注重精神文化层面的升华。也正是如此，使得小米2推出后即受到大众的喜爱。在看似简单的设计背后，工业设计师们更是费尽心思在各种严苛的限制条件下做出合理的设计。在有限的设计时间内做出适合批量化生产的设计，在各阶段的生产过程中与工厂切磋，为达到完美的工程效果，既要满足大众消费者的普遍需求又要能够彰显不同用户的个性需求，拥有高性能的同时也要不失高性价比，如何在这一条条的制约之下做出合理的设计，是每位优秀的小米工业设计师所追求的共同目标。

快前期重后期是小米工业设计过程中一个鲜明的特征。相较于小米科技现有的科技产品线数量来说，小米的工业设计师都肩负着大量的工作。在产品设计旺季，几乎每位设计师均需要独立承担一项甚至多项产品的设计工作。设计师在接到设计任务之后，会对该任务进行解析，从前期的设计研究到后期的具体设计均是独立完成，并主导整个设计过程中所遇到的跨部门沟通、设计方案评审等各个环节。通常，在前期的讨论沟通时，主设计师即会召集相关的设计同事开展头脑风暴进行思维发散，没有烦琐的报告和冗长的会议，取而代之的是快速高效的手绘表达，是创意和想法的火花碰撞。在前期的头脑风暴之后，设计团队获得了一个明确的大致方向，为后续的主设计师的独立工作开一个好头。在后期的具体方案设计时、小米的设计师不同于大公司惯常做法——花费大量时间成本在制作三维软件模型上，而是减少不必要的软件制作，直接制作更具直观性的手板，在实体的手板上进行进一步细节的推敲，包括外形形体、人机工程、具体尺寸、连接构件等。通常情况下，每一款新产品仅在推敲外观过程中就会制作不少于 30 个手板，仅小米手机 2 一项产品就制作了近百个手板①。虽然制作调整一个手板的单次时间看上去比制作三维软件模型要长，然而在不同设计阶段，尽早地引入手板的设计探讨方式，使得每次的调整更有针对性，效果更直观，修改更到位，往往在一个手板上获得的反馈修改效果相当于十几次三维软件上的修改效果。此外，这也缩小了因为虚拟软件造成的现实实体效果差异的鸿沟，在每个阶段都省去了许多可以避免的迭代过程，从而大幅缩短了整个设计周期，节省了设计经费、时间等各项成本，保证了高效优质设计的工作量。

## 三、示范意义

小米作为新兴的科技公司，其工业设计虽然年轻，但却获得多项国际设计大奖，成为互联网科技公司的典范。

小米手环获得 2015 年 iF 工业设计大奖，iF 汉诺威设计论坛组织（德国历史最悠久的工业设计机构），评选出全球最负盛名、最具价值的设计产品。在合理的极简方法论的指导下，设计师们设计出了一款款"爆品"——智能手机、路由器等核心产品都是由小米公司的工业设计团队亲手打造，此外，工业设计团队还负责生态链设计的工作，以同样的设计评审标准为小米科技的生态链建设选择并帮助孵化符合小米设计理念的各类智能产品。

---

① 手板：在产品的设计过程中，我们完成了设计图纸以后，最想做的一件事便是想知道自己设计的东西做成实物是什么样、外观和自己的设计思想是否吻合、结构设计是否合理等等。手板制造便是应这种需求而产生的。通俗点讲，手板就是在没有开模具的前提下，根据产品外观图纸或结构图纸先做出的一个或几个，用来检查外观或结构合理性的功能样板。

小米发现和践行"参与式消费"，通过互联网将用户与产品拉得更近，让用户参与到产品的研发、运营等过程。小米通过"为发烧而生"的产品理念为用户群进行定位，同时通过构建两大生态系统建立小米科技创新生态帝国，进行科技、商业、文化等多方面的融合创新。

# 第二节 加意新品——每天加一点创意

## 一、基本情况

加意新品，每天加一点创意，是一种创意的生活方式，让每个人享受设计的乐趣。其理念是：对于消费者，加意让生活更美好，在加意你不仅可以抢鲜购买到原创的设计精品，也可以找到设计师为你提供专属的创意设计服务；对于设计师，加意不仅可以免费发布设计新品和设计服务，也是一个免费的移动电商和推广平台，帮助自由实现设计梦想。

加意新品（http://www.jiae.com）于 2012 年 8 月上线，前期加意网主要分享来自世界各地的优秀创意产品，让中国人群及时了解世界前沿设计。随后加意创始人发现用户有购买创新产品的需求，因此加意网构建创意产品类垂直电商平台，让消费者可以优先购买到高性价比的创意生活用品。目前加意着力发展 D2C 商业模式，设计师可通过加意网站与移动平台发布新品设计和设计服务，消费者可在此平台上与设计师直接互动，满足个性化创意设计服务需求。

## 二、主要做法

加意的 D2C① 商业模式决定其产品战略包含产品和服务两方面。对于在

---

① D2C：英文 Designer – to – Customer（设计师对客户）的缩写，是一家集潮流风尚、前沿艺术、个性设计于一体的设计师平台。中国首家全球设计师集成平台 D2C 于 2011 年 3 月创建。D2C 网罗全球知名的女装、男装、时尚鞋包及配饰，为消费者推荐优秀的时尚设计师产品和品牌。官方网站除设计师品牌限量预售外，同时具有私人定制款。D2C 已在杭州、北京、上海、哈尔滨等城市开设设计师集成店。

加意平台销售的产品、加意团队精心挑选，深入研究，多维展示，产品划分为 A、B、C 三个等级进行销售和推广。对于服务策略，加意致力于打造社区交流平台，鼓励用户与设计师进行直接交流沟通，甚至是创意碰撞，正在打造的 D2C 移动平台也是为了架起用户与设计师之间的桥梁，为用户提供及时的个性化的服务，为设计师提供设计展示、交流与销售的服务支持。

### （一）产品选择

加意网站一年只推出 200 多个创意优秀设计，但这 200 多个产品背后的选择过程是广泛且细致深入的。加意团队时刻关注有无全球创意新品，精心为用户挑选改变生活体验、令人喜爱和惊喜的创意新品，包括日常生活用品、电子数码和智能硬件等热门品类。加意选择产品的标准之一就是创新的功能，产品必须切实提供生活问题的解决方案；再就是产品需具有设计感，让用户喜爱和惊喜。

加意在挑选产品时也会倾向于"话题性"的产品。"话题性"是为创意社区做铺垫，形成创意沉淀，为用户和设计师提供产品设计走向的相关信息。同时通过消费者、设计师、工作人员等各类人员有聚焦性的话题讨论，一些好的改进意见和想法也会被激发出来。这使得加意打造的不仅是一个销售平台，也是一个产品再设计的平台。

### （二）产品销售

加意将网站出售的产品分为为 A、B、C 三类。A 类产品是加意与设计工作室重点研发或独家合作的产品。B 类产品是网站只做经销商，但能以低价出售的产品。C 类产品是概念产品，还未开始量产和出售的产品。加意将 C 类产品发布在平台讨论区，与用户进行深度讨论，让设计师与企业更深入了解用户需求，加速产品量产和出售。

加意新品已与全球多家设计工作室合作，每年有超过 1000 款创意新品希望选择加意为首发平台，加意会在这些产品中进行挑选优化，让用户抢先体验源头创意，购买真正有价值的创意产品。

A、B、C 三类产品的推广方式也有所不同。在加意新改版的网站上、加意团队对 A 类产品进行深入研究，通过图片、文字、视频等多方面介绍产品使用场景。加意的视频团队已经组建，目前正集中给 A 类产品拍摄介绍视频。

对 B 类产品的推广主要是图片和文字描述。网站对 B 类产品按关联度进行分类，为用户提供创意礼品指南和购物组合推荐意见。C 类产品目前归类在"创意头条"板块内，等到加意 D2C 移动平台打造完成之后，相信 C 类产品会引发更多关注与讨论。

加意的分销渠道有三类：一是线上分销渠道，目前包括加意自己的官方网站平台和天猫旗舰店；二是线下精品店，加意已经跟几十家线下店铺进行合作、销售创意新品；三是大公司的礼品采购渠道，郭宇透露像"活力果意杯"这样的产品就已收到大公司超过 10 万个的订单。

加意目前主要的销售额来自 A 类产品，达到 80%，B 类产品销售额约占 20%。而加意目前主要的收入来源分两部分：一部分是产品的销售额，另一部分来自如华为、海尔等企业的营销和推广服务费。在节假日和周年庆典，加意会及时针对节日进行相关产品的惊喜特卖活动，新产品特价发布、旧产品降价促销，以及与其他平台共推特卖活动等。

### 三、主要成效

——加意新品成立初期以分享国内外创意设计为主要功能，随后发现用户购买创意产品的需求，改变为 B2C（Business to Consumer）商业模式，销售创意生活类设计产品。目前加意着力打造 D2C（Designer to Consumer）的商业模式，通过移动社交平台，将设计师与消费者直接联系起来。

——加意销售的是能改善用户生活的创意生活类产品，这些产品由加意团队特别甄选，或者与企业、设计团队、设计师合作开发。每年会有上百种产品在加意首发或独家销售，保证了加意新品的创意性和独特性。

——加意在线下积极与创意企业合作以及与其他领域企业、机构进行跨界合作，承办各类创意项目，通过不同的渠道获得创意概念、设计师资源、产品宣传与销售平台等，并获得数千万元 A 轮融资，发展势头迅猛，企业影响力不断提升。

在未来的发展战略中加意更加注重：

**——产品实用性与用户体验**

互联网经济发展浪潮中创意电商成为突破口，但真正能存活和发展的是能真正改善用户生活的创意产品。加意以每天加一点创意为口号，真正选择高价值的改变生活的创意产品，在选择产品时不仅考虑创意性，更考虑实用性与用户体验性。

**——保证产品价格优势**

加意的目标用户是 80 后和 90 后这些喜欢新鲜事物、追求品质生活的年轻人群。目前中国还未形成为创意高消费的购买习惯，20—35 岁的人群对价格仍然敏感，因此保证价格优势才能吸引更多年轻人群。

**——激励用户社区活跃度**

加意着力打造创意社区，营造话题，但目前官网上产品话题讨论度不高，用户对在加意上购买的产品不能进行点评，将采取一些互动措施，比如依据讨论参与度奖励购物积分等，激励用户参与社区讨论，久而久之用户能从每天的创意了解中获得乐趣，逐渐养成时刻关注加意，参与创意讨论的习惯。

# 第三节　华为集团——微创新设计

## 一、基本情况

华为（http：//www. huawei. com）是一家生产销售通信设备的民营通信科技公司，总部位于广东深圳市，华为的产品主要涉及通信网络中的交换网络、传输网络、无线及有限固定接入网络和数据通信网络与无线终端产品，为世界各地通信运营商及专业网络拥有者提供硬件设备、软件、服务和解决方案。

华为是全球领先的信息与通信技术（ICT）解决方案供应商，专注于 ICT 领域，坚持稳健经营、持续创新、开放合作，在电信运营商、企业、终端和云计算等领域构筑了端到端的解决方案优势，为运营商客户、企业客户和消费者提供有竞争力的 ICT 解决方案、产品和服务，并致力于构建未来更美好的全联接世界。目前，华为约有 18 万名员工，业务遍及全球 170 多个国家和地区，服务全世界三分之一以上的人口①。

## 二、主要做法

华为关注设计创新与技术创新有机结合的自研能力，由研发团队自发进行，在行业内做到了技术领先。而关于设计创新，华为更加注重所谓的微创新，包括设计创新和需求创新。需求创新由华为的设计规划部门进行，他们会寻找给用户和产品带来更好体验的新的需求，而设计部门会将技术部门与规划部门的创新进行有机结合，他们会把新的技术融合进产品设计中，不单独为了凸显技术，而是真正发挥技术带来的用户体验价值，同时，对新的需求经过分析和验证，来获取真正对用户有价值的东西，去伪存真。

华为的产品 CEO 推崇建筑大师密斯凡德罗"少即是多"的设计理念，他们尊重用户体验。华为的设计部门同样追求的是系统的体验及创新，单独的视觉效果或是交互操作并不是产品优劣的决定性因素，外观、界面以及内外的协调统一才是让整个产品质量升华的关键所在。在外观上，包括视觉、材质、重量以及人机工程都是需要考虑的因素，而在界面上，交互、视觉、动效、音效以及机器反馈是用户接收信息并作出判断的主要来源。针对这些方面，华为为自己的终端量身定做了 Emotion UI②（以下简称 EMUI）。EMUI 是华为基于 Android 开发的情感化用户界面，围绕着 EMUI，持续提升用户体验。

以 2014 年 8 月推出的 EMUI3.0 为例，它是一套全新构筑的 ROM 设计版本，通过对竞品的分析、设计趋势的预估结合华为对用户体验的定位和理解，打造一套有华为特色的平面操作系统，这套系统前先要求基础用户体验友好，同时有华为的特色可以在体验上树立华为的品牌，此外还包含了一些容易被用户感知的体验设计亮点。与上一版本 EMUI2.3 相比，3.0 版本首先在外观上有了华丽的转型，在欣赏程度上令人眼前一亮。设计师们对拨号界面、时钟、天气等系统进行重新设计，在保证美观的同时也将一些实用项目做了明

---

① 华为官网：http://www.huawei.com/cn/about-huawei。

② Emotion UI 是华为基于 Android 进行开发的情感化操作系统。独创的 Me Widget 整合常用功能，一步到位；快速便捷的合一桌面，减少二级菜单；缤纷海量的主题，何止让你眼花缭乱。触手可及的智能指导，潇洒脱离小白状态。贴心的语音助手，即刻解放你的双手。随时随地，尽情愉悦体验。目前，已超过 1 亿全球用户。

显的展示，同时在浏览器、下拉菜单等一些用户常用功能中，对界面的外观和交互也进行了调整。而除了外观层面，在功能方面 EMUI3.0 主推的便是亲情关怀和懒人模式。亲情关怀的核心是远程协助功能，它可以实现华为/荣耀（Honor）系列智能机之间的互相服务，以点对点的方式进行。懒人模式指的是通过传感器提升部分操作情况下的效率，例如开启懒人模式的重力键盘之后，在输入界面下只需将屏幕倾斜，键盘界面和虚拟触控键就能朝对应的方向倾斜，去除了单手模式需要再设置的环节。

对 EMUI 系统来说设计师通过设计规范来保证多个功能、界面之间的一致性和协调性。EMUI 的更新一般是一年一个大版本，而在一年内会有多个小版本，而这些大小版本会在年度的需求规划中商议，由设计部门自身对设计趋势持续分析，规划不同的内容和更新到不同的版本上。而 EMUI 的完整设计输出一般会持续半年的时间。当落地过程中遇到技术门槛时，华为技术领先的优势就体现出来了，设计师可以与技术部门合作找到可实现的、保证体验的其他方案，而不必屈从于技术。每年 EMUI 系统都会经过若干小版本的迭代和大版本的升级。而 EMUI 与华为产品的匹配节奏是华为旗舰类产品作为大版本的首发，后续的产品与小版本的迭代互为促进。在系统构建完善后，设计师将针对单项体验领域进行针对性建设，比如构建音效平台、系统性优化动效设计。在声音和动效方面会采用内外设计相结合的方式来建设。华为会挑选一些国际顶尖的合作方进行概念和方案的创作，同时会输出设计规范的标准和指导，以用于后续更加详细的方案设计。

### 三、主要成效

华为设计从大的战略层面到细致的实施层面，详细阐述了华为手机为华为智能终端的重要环节如何通过设计管理应对目前的市场和竞争对手。华为虽然是一家以技术为导向的企业，但其意识到了设计所能带来的全新竞争力，比起技术创新所需要的大量研发投入、设计创新更关注用户体验，用户对设计创新所带来的产品拥有更高的认同感和归属感。

华为在设计创新中强调微创新，这是由目前的时代大背景决定的，尽管微创新无法让华成为下一个苹果，但能让华为紧跟苹果和三星的脚步，国内的市场环境很难有效地保证创新结果，这也是华为没有选择全力追求设计创新的原因。

华为目前在智能终端已经取得了不错的成绩，要想在现有的程度上更进一步还需要在设计管理上进行优化，其发展思路具有明显的示范意义。一是加大设计团队的话语权和决策权，让设计师主导自己设计的产品，这是以技术为导向的华为必须要走的转变之路，也是华为获得用户认可和支持的最佳途径。二是对苹果、三星的模仿和借鉴要有度，华为的创始人任正非先生在此前也谈道："在大机会时代，千万不要机会主义，要有战略耐性，希望在将苹果、三星、小米作为目标时，不要迷失自己，学习其优点，但不要盲目对标他们。"将目光一直放在他人身上就会使自己的定位模糊，忘记自身的初衷。三是华为的云、管、端三大业务在战略上的资源分配将决定华为手机在未来的走向趋势，目前，华为在终端产品上除了智能手机外还向智能手表、智能手环等其他可穿戴设备以及平板电脑等领域进军。

# 第四节　厦门东太集团——绿色建筑设计

## 一、基本情况

2005年3月，东太集团（http：//www. dongtaigroup. com）正式成立。12年来，东太集团已由最初的单一房地产开发企业发展到如今包括房地产、建筑、金融、贸易等事业的综合性企业集团。目前，东太集团由八个事业部组成——金融证券事业部、房地产事业部、能源事业部、贸易事业部、信息科技事业部、建筑设计事业部、建筑装饰事业部、建筑智能化事业部。集团一直重现和坚持优质房地产业务的开发，陆续开发了几个福建地区比较有影响的重点项目①

东太集团在房地产领域发展稳健，社会和经济效益明显。随着集团规模

---

① 东太集团官网：http：//www. dongtaigroup. com。

的不断扩大以及多元化发展的战略需求，东太集团也进军其他领域，如金融证券、能源开发、对外贸易等。此外，集团在保持已有优势业务的基础上、还横向深化拓展业务范围，在建筑设计、建筑装饰、物业管理等方面有所涉足，取得的成绩可观，给集团发展带来了显著效益。东太集团创新性地实施纵向产业链深化与横向多元化拓展相结合的发展战略，企业自身获得了有利的发展空间。

## 二、主要做法

### （一）总体概况

厦门东翔设计工程有限公司（即东太集团建筑设计事业部）承包的滨海公寓保障性安居工程项目位于厦门市同安滨海新城中部，南北分别贯穿西洲路和滨海大道两条交通干线，东邻埭头溪，西邻思明工业园。该项目总占地面积约 9.83 万平方米，总建筑面积约 26.25 万平方米，最高建筑层数达 32 层，保障性住房共计 5304 套，容积率达 2.25。在公共配套设施方面，该项目配套建设有社区服务中心、幼儿园、商业圈、生鲜超市、公共食堂、环卫设施等。

### （二）设计理念

厦门东翔设计工程有限公司的设计团队基于基地的特征及规划设计要点，通过对规划布局的多方案比较研究，充分挖掘基地特质，力求规划设计形成两个生态环境优美，具有都市文化气息和鲜明个性特色的现代保障性安居工程环境。

该项目实行"绿色建筑"的设计理念并通过住建部绿色建筑一星级设计标识认证。特别是在节水方面做了比较多的节能创新，增设雨水回收系统，在景观植物用水上采取滴灌，节约了大量的淡水资源。滨海公寓"绿色建筑"遵循节约资源、节省能源、回归自然的设计原则。

节约资源就是要求在建筑材料和建筑设计的选择过程中，充分考虑资源的合理使用和消耗，尽量少占用资源，力争使资源可再生利用。节省能源就是要求在建筑能源供给规划中，充分利用太阳能和自然通风等可再生能源，减少电能、热能等不可再生能源的使用。回归自然就是要求绿色建筑外部与周围环境和谐统一，动静相宜，自然融合而绿色建筑内部的建造与装潢需使用无害的材料，为人们提供舒适健康的居住生活环境。

滨海公寓项目中，整个社区增设雨水回收利用系统，用于绿化和冲刷等，节约了水资源。该项目也利用遮阳、隔温等一系列物理措施，进行无能源消耗的温度调整。同时充分利用太阳能这一天然能源，为社区日常活动提供电能和为居民用水提供热能。在社区规划和建筑设计中，设计团队充分考虑居住者对于居住环境的多样化需求和心理感受，同时也兼顾了建筑与城市环境的融合，力求达到人、建筑、环境三者的和谐统一，使建筑融入城市，城市包含建筑，两者相辅相成。

### （三）雨水回收利用系统

城市居民社区增设雨水回收利用系统是建筑节能环保的一项重要举措。加强雨水回收、处理及重新利用，既能有效节约地下水资源，改善社区用水紧张状况，提高水资源的利用率，又能改善城市社区的生态环境，降低城市局部热岛效应，为城市居民提供一个舒适的居住环境。

低成本、低能耗、可持续性、切实有效的雨水回收利用系统应用是东太集团工程设计团队在滨海公寓保障性安居工程项目设计中的一大亮点。

在滨海公寓项目建设规划过程中，东翔设计团队最初就将雨水回收设施考虑进去，这不仅使得节水工程能与社区建设统一规划、节约成本、减少重复性投资，而且使得该社区雨水利用达到安全实用、绿色环保、经济节约等要求。安全实用，就是要求在保证社区居民人身安全和建筑的自身排水安全的前提下，雨水回收利用系统能够稳定有效运行。绿色环保，要求雨水处理系统相对稳定，能保证净化处理后的雨水水质符合国家标准，同时消毒及处理过程中采用绿色、环保的物理法进行相应处理，减少二次污染，经济节约，要求系统采用高性能、高标准、低耗能的相关设备，使雨水回收利用系统的投资规模与收益达到经济节约的目标。

滨海公寓从建筑物屋顶、社区绿化带和硬化路面等方面收集雨水。

（1）屋顶收集。滨海公寓建筑物特意增加了屋顶花沟的宽度，并增设了雨水漏斗，将其与收集管道、连接管道、落水管道以及雨水汇集管道等相接，最大化地将建筑物屋顶雨水收集到统一的储存设备中。

（2）绿化带收集。滨海公寓绿化率高达 70%，保证了较高的植被覆盖率，并且在绿地设计时合理搭配乔灌草本植物，增强绿地的入渗能力，提高绿化费量，有助于调节社区空气湿度及室外温度，改善生态环境。另外，在社区绿化带中使用有效的保湿层、排水层、防水层等绿化手段，将绿地无法使用的雨水汇集到相应的储存设施中。

（3）硬化面收集。滨海公寓项目中，采用了透水性能良好的建筑材料铺设地面，与此同时，相应区域附近设立雨水汇流设备，将雨水导引到透水区进行汇集。滨海公寓雨水回收处理系统中应用了一套相对完备的雨水处理工艺，对汇集的雨水进行分阶段、有针对性的处理。通过蓄水池的自洁过滤装置，排除雨水中大的杂质。之后，对初步过滤后的雨水采用重力沉淀与过滤结合的处理方式，进行进一步沉淀。最后雨水会通过压力滤池，被最小剂量的消毒加药处理，经过净化处理的雨水，只有满足所需用途相应的排放指标后才可以使用。处理后的雨水将在绿化灌溉、冲厕、消防、循环冷却等方面使用，雨水回收处理系统在居住社区中的应用，具有一定的经济、社会和环境效益。

## 三、主要成效

建筑业是我国国民经济的支柱产业，建筑业的发展事关国计民生。在强力推行绿色经济的当下，建筑行业也应当顺应时代发展的潮流，推行绿色环保节能的发展模式。厦门东太集团创新的纵向一体化和深化产业链的横向组合发展模式为其他正处于发展转型的建筑企业提供了新的思路。东太集团多元化的发展模式，能更好地整合资源，为创新设计提供服务，实现经济效益和社会效益的最大化。而在具体项目实施中，践行节约资源、节约能源、回归自然的绿色建筑设计理念，也是创新设计思维的具体体现。创新思维贯穿于东太集团管理理念之中，这不仅使企业自身发展保持经久不衰的生命力，同时也能真正服务大众，造福全社会。

# 第十二章　供应链管理服务

随着制造业的不断发展演进，从原材料到最终产品的生产过程愈发复杂，逐渐发展成为包含若干流程和环节的生产体系。企业的分工更加专业化，从事不同制造流程、环节的企业，需要以供应链为单元，彼此密切协作，以提高整个生产体系的效率。供应链管理将企业内部的生产运作管理，与企业间的协作机制联系起来，是制造业综合竞争力的重要组成部分。当前，全球制造业进入了智能化、个性化、服务化的时代。特别是在装备制造业和消费品制造业，按订单生产，乃至按需定制生产的模式，已成为众多行业领域的发展趋势，对供应链管理的水平也提出了更高要求。

我国的现代供应链管理发展起步较晚，经历了由计划经济的调配式供应链，转变为市场经济的协作式供应链的转轨发展过程。目前，主要存在三方面的短板：一是交通运输物流综合费用仍然较高，供应链的成本负担相对较重。我国幅员辽阔、山川纵横，交通基础设施建设起步较晚，需要的投资密度和总量均大幅高于发达国家。发展能源、建筑、重化工业，需要在有限的公路、铁路上进行大量的大宗商品运输，运输费用需要反哺基础设施建设，拉高了制造业供应链的综合成本。二是供应链的市场协调机制仍不完善，影响了供应链的附加值。我国社会信用体系的建立较晚，附着于供应链管理机制的供应链金融不够发达。在企业间的供应链协调上，往往出现不平等交易的现象，市场强势一方可以通过交货（付款）时间的管理，榨取资金价值。三是是对全球供应链的掌控力、协调能力仍然不足，影响了我国优势企业在全球市场的主导权。在电子、汽车、大飞机等全球化生产行业，我国缺乏核心技术、全球认可品牌，企业的生产供应决策受制于人。未来，我国应借鉴发达国家企业成熟的供应链管理经验，提升供应链的信息化、智能化水平，增强我国制造业企业的全球竞争力。

# 第一节　典型案例及主要做法

## 一、亚马逊：服务供应链智能化形成核心竞争力

亚马逊（Amazon）公司创建于美国，是全球 B2C 电子商务的先驱。在 20 多年的发展历程中，亚马逊在仓储、物流管理领域做出诸多开拓性的尝试，成为全球电子商务企业、物流企业学习效仿的对象。目前，亚马逊已经建成高度自动化、智能化的物流管理体系，主要包括以下组成部分：

全球化开放式仓储物流体系：亚马逊在全球设立超过 100 个运营中心，实现对全球几乎所有国家和地区的"全覆盖"。较早前，各个运营中心曾分别独立运营。近年来随着跨境电商的兴起，亚马逊实现了真正的全球化运营：通过跨境的调配，用户可以在亚马逊买到世界各地的商品。与此同时，亚马逊还将自身物流体系分享给其他企业。采用厂家线下直销模式的企业，也可以与亚马逊合作，借助其物流管理体系支撑门店的供应。

订单数据与服务管理系统：亚马逊建立了从订单管理到物流配送的一体化系统，现已实现配送全过程可视化、到达时间精准控制。在此基础上，亚马逊建立了大数据分析体系，能够根据已有的销售情况，预判未来需求，合理配置各运营中心预留的库存种类、数量。

分拣与仓储方案智能化：亚马逊收购机器人制造商 Kiva Systems，依托其建立一整套仓储机器人解决方案。在分拣环节，优化布局设计，提高劳动效率；在储存区域，基本实现无人化作业。在货品入库过程中，通过机器扫描和智能化测算，自动选择最合适的位置进行存放，实现仓储空间的优化利用、库内分拣运输路径的最短化、库存"先进先出"。

无人机送货：亚马逊采用了"Prime Air"无人机，首先尝试无人快递。无人快递作为目前主流物流配送方式的必要补充，在生鲜食品、大都市区商务采购等方面，已经呈现出一定的优势。

总体上，亚马逊在服务供应链体系的建设上，敢为人先，尝试了新技术、

新管理方式。其高度智能化、兼具灵活度和稳健性的供应链体系，成为其核心竞争力的重要部分。

## 二、丰田：以精准的供应链调度实现精益生产

丰田公司汽车的快速发展，适逢日本战后重建，需要在资源匮乏、国土空间狭小等不利条件下，与欧美发达国家开展竞争。丰田独创了"精益生产""准时制生产"（Just - in - time）的生产管理方式，着眼于生产管理的细节，最大限度地节约成本。其核心是通过生产计划和供应链的精准匹配，达到接近于零库存的生产运作状态，从而降低零部件库存损失、仓储物流成本和财务成本：

一是使用"看板"作为生产状态传递、生产计划指令的信息传输工具，加强企业内部的协作。在不同的生产环节之间，通过写有物料数量、状态信息的卡片，传递生产指令。即使在计算机尚未在生产加工领域普及的时代，丰田公司实际上就实现生产运作管理的信息化。

二是在生产计划上精细筹划，根据市场需求，合理搭配各车型生产比例，优化零部件组合，从源头上防止库存的波动。由于在较短的一个生产周期内，各车型生产比例相对固定，则各类零部件的需求比例也固定下来。这样，零部件生产企业也有稳定的生产预期，整条供应链的随机扰动能够降到最低。

三是强化对供应商的统筹调度和激励机制。丰田依靠较大的业务规模，形成对上游供应商较强的话语权。但他们并不是一味压迫利用，而是采取综合评估、择优奖励的方式，选择质量、规模、价格等各方面综合条件最好的供应商，签订长期的协议。对一些供应商采取"优质优价"的协议，看似多支出了成本，但赢得了供应链的可靠性，最终节约了成本。

四是以供应链本地化的方式进行全球生产，降低零部件物流成本。一方面，面向全球开放零部件采购，最大限度地控制成本；另一方面，在美国、欧洲、中国等主要市场，采取统一标准、本地化生产供应的原则，尽可能选用本地的零部件供应商，缩短零部件生产运输周期，减少在途库存。

丰田的供应链管理方式，尽管已经发展成熟，近年来没有重大创新和突破，但目前仍不失为我国制造业企业开展全球供应链布局、加强成本控制的范本。

### 三、空中客车：建设和优化跨国供应链协作体系

空中客车（Airbus）公司是欧洲经济一体化背景下，法国、德国、英国、西班牙等国家联合投资建设的商用飞机制造公司。经过40年的发展，空客公司不仅打破了美国波音的垄断地位，还在一些领域后来居上，占据了设计创新和市场竞争的主动权。空客公司的供应链横跨多个国家，各国分别负责一部分零部件的生产，是典型的协作型供应链体系。

在供应链的组织方式上，空客公司将核心部件的生产放在法、德、英、西等国，但大部分工厂都位于沿海城市。通过海上运输，降低物流成本，并精细设计海陆运输的衔接、陆地转运路线方案，防止运输过程中的意外损坏。即使分散的生产布局不是经济最优的，付出了一定的代价，但各国均能参加到飞机主体的制造中，任务分配相对均等，合理分享企业的收入和利润，保障了协作机制的公平性、持续性，最终确保空客能够有效凝聚欧洲力量、形成整体竞争力。

在供应链的技术手段上，空客大量采用射频识别技术（RFID）对零部件的生产和运输状态进行标记。这样，分散在各国的供应链得到了有效的实时监控，整个生产系统得到紧密衔接，甚至可以统筹调度、全局预判，防止因为人为疏忽和偶发事件而导致生产过程的中断。

在供应链的附加服务上，空客公司推出了诸多优惠政策。由于飞机购置总价较高，订购飞机属于航空公司重大决策，面临较大的技术风险、市场风险。空客公司通过对新客户免费试飞、融资租赁等不同方式，降低航空公司的开支压力，首先赢得了发达国家中小型航空公司、广大发展中国家航空公司的青睐，为进一步打开市场奠定基础。

我国"一带一路"和国际产能合作战略的实施，需借鉴空客公司的供应链协作体系。一方面，尽可能使欠发达国家融入全球产业分工，找到自身定位，享受发展红利；另一方面，需要加强我国对整个供应链体系的控制，始终掌握装备制造业的主导权。

### 四、海尔：基于信息技术的一体化供应链管理

海尔集团创立于1984年，目前是全球大型家电第一品牌，经过多年的努

力，已从传统家电产品制造企业转型为开放的创业平台。1998 年，海尔着手供应链的管理与创新，以优化供应链为中心，重新规划内外部供应链，在全集团范围内对原业务流程进行了重新设计和再造，首创"用户＋研发＋机器人＋生产"的全流程价值链，强化了企业的市场应变能力、市场快速反应能力和竞争能力，取得了十分显著的效果和效益。2016 年，海尔集团全球营业收入约 2016 亿元，利润额 203 亿元，近十年收入复合增长率达到 6.1%，利润复合增长率达到 30.6%。

JIT 物流供应链管理体系：在物流技术和计算机信息技术的支持下，海尔集团通 3 个 JIT（just in time，准时制）实现零库存，进一步实现同步物流供应链管理。一是 JIT 采购，传统的采购是为库存而采购，容易出现高库存、高资金占用，呆滞物资积压严重。海尔通过国际化分供方，建立信息准确同步的保障体系，将 2000 多家供应商降低到 900 多家，采购人员减少 1/3，实现采购到完成订单最需要的零部件和原材料；二是 JIT 原材料配送，海尔建立了两个现代智能化立体仓库及自动化物流中心，通过 ERP 物流信息管理手段控制库存，另外海尔柔性生产线为了满足大规模定制产品的需求，广泛应用物流技术（如标准包装、机械装运、条形码与无线扫描技术），用来保障和压缩工位库存材料时间，有效保障了仓库存放的所有物料从采购进来到车间的制造时间不超过 7 天，立体库的零部件一般只存放 3 天；三是 JIT 配送，海尔集团加大对成品分拨和配送物流系统进行改造，其中，在全国建立了 42 个配送中心，并在迪拜、汉堡港建立分拨物流中心，并利用集团配送资源同国家邮政总局、中远集团、和黄天百、欧洲等专业物流公司进行合作，形成了较为完善的成品分拨物流体系、备件配送体系与返回物流体系。

"一流三网"物流模式：在供应链管理阶段，海尔创新性提出了"一流三网"物流模式，实现流程再造的同时赢得全球供应链网络，获得快速满足用户需求的能力。其中，"一流三网"物流模式是一种以订单信息流为中心的业务流程再造。其中，"一流"是以订单信息流为中心，"三网"分别是全球供应链资源网络、全球配送资源网络和计算机信息网络，"三网"同步流动，为订单信息流的增值提供支持。

"人单合一"双赢模式：2005 年 9 月，海尔提出"人单合一双赢"商业模式，"人单合一"中的"人"是指包括在线员工和在册员工在内的所有员工,"单"是指订单或者用户资源。"人单合一"实质是让员工的服务和用户的需求和价值尽可能重合,以此来实现以用户需求和最佳体验。"双赢"是指员工的薪酬不是由职位或者上级下达任务的完成程度决定,而是以员工为用户创造的价值来决定,在与利益相关者共享利益的同时,驱动员工身份由执行者向创业者的转变。

海尔集团"人单合一"模式经过十多年的发展,已经进入了"人单合一2.0"的时代,海尔也基于此打造出了开放创业平台,建立了自创业、自组织、自驱动的并联生态圈。

基于大规模定制的互联工厂模式:2011 年,为了满足大规模个性化定制需求,满足用户全流程最佳体验,海尔对传统生产模式进行了颠覆与升级,逐步开始打造数字化互联工厂,使工业生产从大规模生产向大规模定制的模式转变,努力实现"产消合一"。海尔集团互联工厂颠覆了传统的管理流程,由传统企业 ERP 管控下的串联流程,目前在模块化、自动化、智能化、数字化程度上都处于行业领先地位。海尔目前已经分别在青岛、沈阳、郑州、佛山建成热水器、冰箱、空调、洗衣机 4 个互联工厂。

## 第二节　成效及启示

发达国家供应链管理重点行业的领军企业案例表明,尽管发达国家的人力成本较高,制造业诸多领域、细分环节逐步流向低成本的后发工业国,但通过高效的供应链管理,企业能够保持竞争优势。一方面,高效、可靠的供应链,使企业有信心提高生产运作智能化、无人化的水平,在一定程度上控制了综合成本;另一方面,在基础制造环节外流的条件下,对供应链的有效掌控,与核心技术、品牌等要素同等重要,能够保障企业掌控产业主导权,最大限度地占有利润。未来,我国同样需要面对劳动力成本上升,制造业一些领域和环节外流的情况。在供应链的管理水平上,向发达国家看齐,并体现出我国优势和特色,就成为未来我国制造业企业必须着力解决的课题。

## 一、以供应链的优化需求为动力，推进智能技术发展和应用

近年来，我国物流行业迅猛发展，但与发达国家相比，物流行业的科技含量仍不够高。未来，需要将物流行业由人力操作密集的形态，进一步转向高度自动化、智慧型的运作形态。为此，物流企业、相关制造业企业，以及需要复杂供应链支撑的企业，应加大技术研发投入，在无人驾驶和智能化辅助驾驶系统、物联网软硬件、分拣搬运机器人、仓储智能化软件、冷链物流装备及控制系统等领域，追赶发达国家水平，加快商业应用和产业化，使我国供应链管理得到世界一流的装备、技术体系保障。

## 二、依托电商平台和数据优势，加强对全球供应链的掌控能力

我国已建成全球规模最大的电子商务市场。自主掌控的电商平台、在线支付体系以及其中的大数据资源，是我国增强对全球供应链掌控力的基石。未来，需要进一步实现制造业供应链的在线化，大力发展 B2B 电子商务，特别是装备制造业零部件的在线供销，使中小企业通过网络聚合起来，形成密切联系、灵活经营的有机整体，强化我国制造业供应链集聚的优势。在消费和服务端，按照产品全生命周期管理的理念，完善产品真伪认定、质量监测、性能评价、维修回收等一系列在线服务，将产品实际使用情况汇入电商大数据，用于企业的生产决策，减少生产供应环节的错配损失浪费，并最终确保我国成为全球制造业的决策中枢和市场定价中心。

## 三、建设物流基础设施、物流信息共享机制，进一步降低物流综合成本

目前，我国物流行业的监管协调机制仍在探索中。国内外电商平台、物流企业争相建设仓储中心，重复建设和恶性竞争问题浮现。西部地区、乡村和小城镇社区的物流基础设施、配送服务仍较薄弱，物流成本居高不下。因此，需着眼于制造业和商贸零售业降低综合成本的目标，切实降低物流综合成本。未来应协调相关各方，采取设施共享、信息共享机制，优化利用物流基础设施，合理分摊运营成本。按照"一带一路"战略下的国际产能合作需

求，将新增的物流基础设施投资引导至西北、西南边境城市和跨国铁路沿线，在内陆地区打造若干有竞争力的物流中心，在此基础上形成相对均衡的全国产业布局。

## 四、发展与供应链相伴的增值服务

针对我国社会信用体系尚不健全的现状，应紧密围绕制造业供应链，综合运用线上、线下交易数据，发展供应链金融，从而解决一部分中小企业的融资难、融资贵问题。电商平台企业应受到严格监管，向制造业企业提供适宜的供应链金融服务，防止利用市场垄断地位进行资金占用、空转的现象。物流企业应推出面向中小企业、"创客"的仓储外包服务，帮助创新型企业降低仓储物流成本；同时针对"走出去"的制造业企业，发展全球供应链服务，在海陆空综合运输、便利化通关、厂区安防、原料物资调配等方面提供解决方案，解除企业全球化生产制造的后顾之忧。

# 第十三章　产品全生命周期管理

## 第一节　西门子产品生命周期管理（PLM 软件）产品

### 一、市场发展现状

高度集成化的软件信息系统是企业开展产品全生命周期管理的关键。国内的 PLM 市场占有率最高的均是国外软件产品，基本形成西门子 Teamcenter、PTC windchill、达索 ENOVIA 三分天下的格局，国内的用友、思普、艾克斯特、浙大联科等在国产 PLM 产品中市场占有率相对较高。但从整体来看，国内的 PLM 不论是在技术和规模上和国外的存在不小的差距。目前，国内的知名电器、汽车、重工等大型企业大多选择了西门子 PLM 产品，其在我国中高端市场具有较大市场占有率。

随着数字化、智能化应用的加深，越来越多的企业通过开展产品生命周期管理，将"现实制造"和"虚拟呈现"融合在一起，从最初的产品设计、生产规划，一直到生产实施和服务于最终用户。在产品设计之初就开始使用PLM 软件，不但可以给生产者提供三维模型，还可以在虚拟工厂中分析和优化自动化的设计，甚至可以实现整套设备的仿真优化，这样节约原材料和资源，还可以节省大量的时间成本。

西门子 PLM 产品的优势在于：可以集成 ERP、MES、CRM、SCM 等，实现企业多个信息平台的数据共享及同步更新；能深度集成各知名品牌的 CAD设计软件；在整个产品生命周期中，Teamcenter 可通过智能化地集成信息来简化运营。

## 二、应用案例

### 1. 帮助一汽集团缩短产品开发周期

随着汽车行业的发展，车辆类型越来越多，疲劳耐久性对车辆质量的提升起到至关重要的作用，要求卡车可以在非常粗糙的路面环境下行驶更长的距离。以往需要车辆研发工程师"凭经验设计"，将导致样车反复试验，这样导致产品开发周期很长，研发成本也很高。因此，一汽集团及其研发中心都在寻求新的疲劳工程分析技术，包括通过前期的疲劳设计仿真，在第一次样车测试就获得更好的疲劳性能。

Siemens PLM Software 开发了一种完全基于 CAE 仿真的方法，即所谓的"数字路面"方法，以及一种测试与仿真相结合的混合路面分析方法。利用该 PLM 软件，精确地预测道路载荷及其对零部件的影响；采用基于道路测试数据的、完整的集成仿真解决方案；利用试验数据，通过多体动力学虚拟仿真试验，复现试验车辆的道路载荷测试；集成了试验测试数据，多体仿真及疲劳优化的多学科软件平台解决方案。中国一汽技术中心利用 LMS 解决方案研发出某款商用卡车驾驶室，其试制样车一次性地通过了疲劳性耐久试验，显著缩短了车辆开发周期，节约了研发成本。

### 2. 帮助广西玉柴机器公司实现产品多样化

玉柴作为独立发动机制造商，提供各种型号的轻、中、重型发动机，产品线涵盖车用、工程机械、农业机械、船用、发电设备等广泛领域。随着市场竞争的不断加剧，个性化产品市场需求导致产品类别不断增多，高质量、多样化和灵活性已成为生产的关键特征。同时，不断增加的系统复杂性意味着，产品开发流程需要更多的跨部门合作。在采用传统的计算机辅助工程（CAE）软件下，设计师和 CAE 分析师通常属于不同的组织，CAE 分析师提出改进要求后，设计工程师对设计进行相应的修改，这个过程不断循环重复，致使这些组织之间无法实现顺畅的沟通和协调。

玉柴使用西门子 Simcenter 3D，从使用 CAD 功能到执行 CAE 分析实现无缝过渡，Simcenter 3D 还与 Teamcenter 无缝集成，使 CAE 分析师可以直接从 Teamcenter 中读取 CAD 模型数据。该 PLM 软件集成了设计和仿真能力，推进产品设计标准化，实现客户与供应商之间顺畅的沟通与协同，不仅缓解了市场需求和开发工作量之间的多种冲突，同时还有效缩短了产品开发周期，简化了整个开发和设计流程。

### 三、启示和借鉴

**1. 加快改变我国国产软件发展滞后局面**

我国工业软件的现状为"管理软件强，工程软件弱；低端软件多，高端软件少"，从当前国内 PLM 市场分布情况看，我国国产软件还与国外存在显著的差距。达索系统公司、西门子公司等软件的成功发展历程说明，只有基于高端工业才能诞生和孕育世界一流的工业软件。顺应"互联网＋制造"的趋势，必须大力发展自主工业软件，加强国产工业基础软件的开发能力，特别是在涉及国家安全的工业产品设计的基础和应用软件的开发，加快推动我国工业产品硬件和软件的"双提升"。

**2. 加快推进制造企业产品创新数字化**

目前，随着市场竞争的加剧，产品创新成为企业提升竞争力的关键。以物联网、大数据为代表的新一代信息技术正在加速向各个行业融合，特别是在工业领域，产品创新数字化技术正在发生日新月异的变化。在这样的发展背景下，传统的工业制造企业要勇于打破以前的生产、管理、创新流程，将产品创新的数字化技术融入到新的流程中，开展更加标准化、灵活性的生产模式。从简单的外观设计，到极为复杂的关键部件，到整套设备，甚至到整个生产线和工厂，大力推进数字化技术在工业各个领域的应用，着力全面提升整体生产效率和企业的市场竞争力。

## 第二节　三一重工产品创新数字化技术的应用实践

### 一、基本情况

三一集团主业是以"工程"为主题的装备制造业，挖掘机械、桩工机械、履带起重机械、移动港口机械、路面机械、煤炭掘进机械为中国主流品牌；混凝土机械为全球品牌。作为致力于成为智能制造领军企业的三一集团，最早的信息化可以追溯到创业初期的 1994 年。在积极地对信息化进行探索与实践之后，三一集团从生产到售后再到企业运营的各个环节形成了较为系统的信息化发展体系。

## 二、主要做法

三一重工较早地开展了信息化与智能化的应用，并在新能源、众创平台、住宅工业化等新领域进行广泛拓展。目前三一重工通过横向打通实现了从发现商机到形成订单，到计划与制造，到供应商协同，一直到最后制造交付服务、智慧服务，以及财务信息全产业链的一体化管理。不仅建立了"以客户为中心"的营销服务体系，打造了敏捷供应链，打通了订单流、计划流与供应链，实现了产销平衡与财务供应一体化，而且构建了统一的采购管理监控、分析平台，标准的服务配套体系，智能服务管理体系等。

推动智能化应用，提升用户价值。三一重工专为工程机械、特种车辆等自主研发了高性能的底层控制产品（包括控制器、人机界面、无源 GPS 等）；通过基于物联网构建智能服务平台收集工况信息，对客户的远程资产运营、监控、预防性维护、大数据分析，给客户提供增值服务。

构建数字化工厂，推动智能制造。三一重工集团自 2008 年开始在长沙筹建"18 号厂房"，至 2012 年全面投产，总面积约十万平方米，有混凝土机械、路面机械、港口机械等多条装配线，成为行业先进的数字化工厂。厂房规划全面应用数字化工厂仿真技术进行方案设计与验证，在装配区、高精机加区、结构件区、立库区、展示厅、景观区六大功能区域都实现了智能化、数字化模式，推动着工程机械产品车间生产从传统的离散制造型向混流装配型转变。

## 三、主要成效

三一正在实施通过"打通端到端的信息化流程，完成企业内和企业间的纵向集成和横向打通"，大力开展产品创新的数字化应用，已取得了较好的成效，如产品交付周期缩短 30%、生产能耗降低 25%、生产效率提高 20%、成品及原材料库存降低 30% 等。

# 第十四章　系统解决方案

## 第一节　浙江中控：工业智能化解决方案龙头企业

### 一、基本情况

浙江中控技术股份有限公司是中控集团的核心成员企业，早在1993年就推出了工业自动化解决方案产品，是我国最早进入工业自动化解决方案领域的企业之一。目前中控已构建了完整的产品体系及工业自动化信息化整体解决方案，包括现场仪表、控制阀、控制系统（DCS、SIS、PLC、RTU、SCADA等）、先进控制与优化（APC）、制造执行系统（MES）、企业信息系统（ERP）及智能工厂建设整体解决方案等。[①]

中控已建成并拥有国内最大的控制系统生产基地，包括SMT线、THT线、自动涂覆线、自动标定调试线、小件装配线、盘柜装配线、项目集成等生产线，最大年供货量达60万块控制模块，能充分满足供货需求。经过多年的探索与实践，中控开发出适合自身运营模式、具有国内领先水平的精益生产方式——SPS，即中控生产方式。围绕生产组织、工艺优化、质量控制，不断创新、改善，形成了以多品种小批量、均衡节拍、快速换线为核心竞争优势的"柔性生产"多能工体系。产品一次直通率高达98%，产品返修率仅为0.11%，远优于业内国际先进水平。与此同时，中控遵循ISO9000的基本原则，参照国际供应链运作参考模型SCOR，建立并完善中控自身的供应商管理

---

[①]　浙江中控官网：http：//www.supcontech.com。

体系，甄选诸多国际知名企业作为我方供应商，如美国国家半导体、德州仪器、SST、ATMEL、戴尔、联想、欧姆龙、倍加福等，拥有广泛的全球供货渠道，为实现快速供应、快速集成打下了坚实的基础。

中控依托自身所拥有的技术、产品和资源，凭借在设计咨询、工程实施、集成供应链等方面的专业优势，不断深化现代项目管理理念，以仪控总包（MAC、MAV）形式开展业务，并在炼化、化工、电力、造纸、建材、能源、食品饮料、医药等行业设立相关行业部，具备成熟的系统集成能力。作为中国最大的自动化系统供应商之一，中控已完全具备自动化系统的规划、设计、制造、施工等能力，可提供多种类型的产品和成熟的整体解决方案。

## 二、主要做法

中控不断深入对工业企业综合自动化系统建设模式的研究，根据国家"两化融合"发展战略，形成了具有中控特色的解决方案产品体系：包括现场仪表层、过程控制系统层、生产执行系统层、企业资源规划层四层结构的管控一体化智慧工厂整体解决方案。凭借智慧工厂整体解决方案，中控成为国家首批推荐的80家两化融合管理体系贯标咨询服务机构之一。中控智慧工厂整体解决方案以统一数据管理、统一通信、统一平台，有机地整合、优化各种独立、分离的产品和技术，凭借多年来在各行业项目实施中丰富的经验积累，充分发挥其产品、技术体系在行业项目中的最大功能，从而帮助工业企业产出最大效益，大大提升企业综合竞争力。

中控的流程工业 MES 解决方案"MES – Suite"是以 ESP – iSYS 实时数据库和 ESP – PlantJet 综合集成平台为支撑，以信息集成与工厂建模为应用平台，集"计划""调度""操作"业务于一体的生产管理系统整体解决方案。MES – Suite 通过灵活可配置的建模工具及行业应用组件，可广泛应用于石化、化工、冶金、造纸等流程工业企业，是企业综合自动化的中枢系统。企业借助 MES – Suite 系统，可以优化管理业务操作，实现对生产过程的透明化、定量化管理，帮助企业减少"跑、冒、滴、漏"及各类加工损失，保障产品质量，降低生产成本。这一系统符合总集成总承包商"关键共性模块"的发展模式，为中控带来了可观的收益。

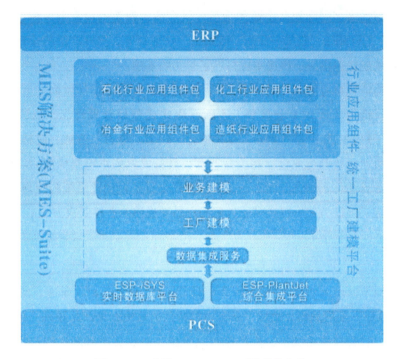

图 14-1　中控 MES-Suite 系统总体架构

工业企业能源管理中心 EMS-Suite 则面向钢铁、有色金属、化工、建材、造纸等高耗能行业的大中型企业，提供能源系统监控、管理、调度与控制的整体解决方案，涵盖能源综合监控、基础能源管理、能源动态平衡与优化调度、重点耗能单元及设备节能优化控制等功能子系统，可以辅助提高公用工程和相关生产装置的操作安全和平稳性，减少能源放散和损失，提高能源的综合利用效率。EMS-Suite 通过提高能源系统的监控、调度、管理和回收利用水平，使得企业综合能耗降低 2%—5%。

SES-Suite 是以安全标准化管理规范为理论框架，覆盖 DCS 系统、消防系统、可燃气态探测系统、环境污染检测系统、气象系统、视频监控系统、厂区地理信息系统，围绕风险和危险源，主动规划和推动企业安全工作的全面安全管理解决方案。SES-Suite 可对企业整体安全状况进行全方位的实时监测，给安环部门提供及时的预警信息和合理的工作指导，及时发现隐藏的安全风险，提高企业对重大事故风险监控的能力等级，实现以人的安全意识为核心的安全管理模式到以工作流程和安全事件驱动的主动安全管理模式的转变，规范化企业安全管理业务，为企业的安全生产保驾护航。SES－Suite的核心模块与智慧城市等相关解决方案有相通之处，为中控未来的多元化发展奠定了重要基础。

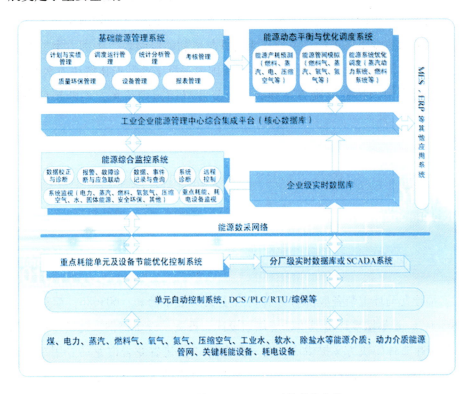

**图 14－2　中控 EMS－Suite 系统总体架构**

### 三、主要成效

凭借着在工业自动化信息化领域二十余年的积累，中控收获诸多业绩：连续六年蝉联 DCS 国内市场占有率第一位；承接诸多亚洲乃至全球最大项目，包括亚洲最大的油气开采自动化 MAC 项目、全球最大甲醇生产装置生产线、全球顶级煤制烯烃 MAV 项目、亚洲顶级大型化肥项目；2015 年，中控实现百万吨级烯烃 DCS 国产化零的突破；2016 年，中控推出的自主研发并已取得 TüV SIL3 证书的 TCS－900 系统，已在 ESD、BMS、F&GS、CCS 等场合广泛应用；2017 年，中控正式发布智能制造推进战略，以多个行业首台套项目实施为积累，以国家级行业示范项目为标杆，提出了涵盖企业"安全、提质、降本、增效、环保"五大战略性目标的"安全工厂、智能优化工厂、绿色工厂"三大平台级解决方案，携手客户共同推进智能制造战略发展。展望未来，在德国工业 4.0 持续推进，美国、日本等其他发达国家工业智能化也不断加快带来的激烈竞争环境中，中控作为先进制造和能源领域"中国方案"的主要代表，肩负着更加重要的使命，将引领国内一批工业智能化解决方案企业，探索适合中国国情的解决方案模式，收复和巩固国内市场，不断拓展海外市场。

# 第二节　龙马环卫：智能化环卫解决方案供应商

## 一、基本情况

福建龙马环卫装备股份有限公司（上交所上市公司：603686，简称"龙马环卫"，是集城乡环境卫生系统规划设计、投资、设备提供、运营于一体的环境卫生整体解决方案提供商。公司前身为"福建省龙岩市龙马专用车辆制造有限公司"，于 2000 年成立。2012 年开始全面进入环卫服务领域，主要开拓城市生活垃圾经营性清扫、收集、运输服务（道路、公共广场、水域清扫保洁、生活垃圾、粪便收集运输、环境卫生设施保洁等维护环境卫生的作业活动）。2015 年后，公司确定了"环卫装备制造＋环卫产业服务"协同发展战略，在以产品制造为核心的基础上，通过"产品＋服务"的转变，打造环境卫生整体解决方案。2016 年 9 月，以现金方式投资 800 万元于海南易登科技有限公司，依托物联网、移动互联网等网络技术建设智慧环卫平台，打造环卫产业服务领域的核心竞争力。2017 年 1 月，开始向贵州遵义、浙江温州客户提供环卫设备租赁服务。

龙马环卫是集城乡环境卫生系统规划设计、投资、设备提供、运营于一体的环境卫生整体解决方案提供商。在以往环卫装备的研发、生产、销售的基础上，龙马环卫开展了环卫产业服务的研究、推进环境卫生系统规划设计、环卫设备配置、智慧环卫运营系统运营管理、金融解决方案事宜。通过承接城市环卫一体化 PPP 项目、环卫一体化服务外包项目、村镇环卫一体化项目等，推进环卫运营服务业务拓展，带动环卫装备销售和新产品研发，实现装备制造与环卫服务的资源共享和协同发展。近五年来公司复合增长率达 30% 以上，2016 年营业收入 22.2 亿元，同比增长 44.93%，净利润 2.11 亿元，同比增长 40%，其中环卫服务业务收入 2.97 亿，同比增长 518%。目前主要客户为国内、东南亚、南亚政府环境卫生主管部门、市场化环卫服务公司，未来将向中亚、南美洲、欧洲拓展业务。

## 二、主要做法

龙马环卫搭建了环卫服务所需要的配套智能管理系统，依托物联网、移动互联网等网络技术建设智慧环卫平台，打造精耕细作管理运营模式。通过全资子公司厦门福龙马环境工程有限公司组建了环卫装备综合配置中心，为环卫服务项目公司提供包括环卫装备组合方案、环卫装备配置服务、环卫装备维护、环卫装备再制造等一体化的综合解决方案。

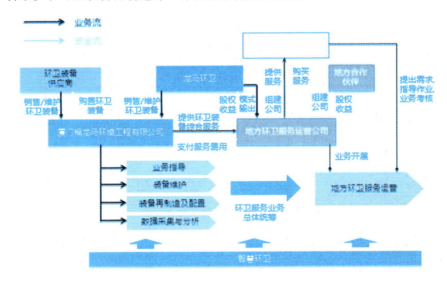

图 14-3  龙马环卫业务模式示意图

此外，按经营模式不同建立了单项目承包模式、项目一体化模式、PPP 合营模式。根据所处的地域及服务类型不同，制定了城市类环卫运营服务模式及农村类环卫运营服务模式。

龙马环卫强调项目所需作业模式高效、合理组合、规范操作、科学应用，在此基础上实现"智慧环卫一体化管理"，将项目管理和设备物联网技术进行有效结合，做到环卫管理的全节点管控。智慧环卫管理系统的主要功能包括车辆实时定位、油料损耗分析、作业轨迹检查、车载视频监控、人员考勤记录、垃圾回收与储运监控等等。在系统升级完善过程中，实现逐步由对环卫装备、环卫设施的监控转向指挥运营、调度人员和车辆，推动垃圾分类及垃圾资源化回收，最终达到成本控制的目的。政府也能够通过智慧环卫管理平台中最先进的监管考核机制，实时对环卫运营项目进行监管，共享智慧环卫管理系统输出的信息资源，推进环卫公共服务运营水平的提高。

"智慧环卫"的总体架构主要由信息基础设施、信息服务平台、信息应用平台三个层级构成：

**图14-4　龙马环卫系统集成架构图**

信息基础设施层实现对基础网络、数据中心、信息安全、前端设施、标准规范等共性信息化基础设施的统一建设和管理，侧重于信息的感知、监测及传输，通过全面覆盖的感知网络实现对各类信息的透明、全面获取后，经由物联专网、企业专网、互联网等实现各类信息的广泛、安全传递。

信息服务平台层立足于系统间的互联互通和相互适应，建设以云计算为支撑的共性服务平台和信息资源管理平台，推动资源共享及系统整合，实现企业公共信息资源的统一管理。建设人员数据库、车辆数据库、基础设施数据库、地名地址库、作业标准库、信息标准库等，提供信息交换服务、空间信息服务、视频信息服务、统一发布服务等共性服务。

信息应用平台依托共性服务平台和信息资源管理平台的数据整合共享，统筹规划推进各项应用功能建设，逐步建成环卫人员管理、车辆管理、环卫设施管理、企业资源管理等各个领域的融合应用。这些应用与企业信息化发展水平、作业规范化、决策支撑都密切相关。

### 三、主要成效

龙马环卫在探索服务型制造的历程可归结为：小范围试点——总结提升——模式建立——智能运用——复制推广——专业配套。

从承接龙岩中心城区保洁开始进行小范围试点的探索工作，进一步总结提升三位一体的作业模式，并根据客户的不同需求，建立了多种运营管理模式，包括 PPP 模式、服务外包模式、镇村一体化模式。运营范围北至沈阳，南至海口，覆盖了温带、亚热带、热带三种气候，具有南北方差异管理的经验。为进一步改变传统的人工作业模式，公司引入"互联网＋环卫服务"的智慧环卫运营模式，依托物联网技术，实现对环卫工人和环卫设备的实时监控，可以及时分配任务、提高突发事件应急能力，大大提高企业管理效率，有效地降低了管理成本。此外，还通过"四统一"管理模式打造环卫运营品牌，在全国范围内进行复制。建立装备配置中心，依托厦门子公司提供包括环卫装备组合方案、环卫装备配置服务、环卫装备维护、环卫装备再制造等一体化的综合解决方案。

龙马环卫为客户提供的环境卫生整体解决方案真正能够系统地、全方面地解决城市环境卫生问题，产生了巨大的经济社会效益。为客户提供一揽子环境卫生整体解决方案，是对城市管理体制改革的一种有益探索，也是贯彻落实国家公共服务供给侧改革重要体现。推进规划设计服务、智慧环卫管理服务、装备配置服务、金融解决服务，有利于促进环卫服务行业发展，吸引一批环卫就业人员，优化产业结构，改善投资环境，提高就业率，增加地方政府税收。

从以人民为中心的发展视角看，整体解决方案所倡导的环卫一体化管理，能有效改善人居环境，提高环卫工人社会地位，解决原先保洁服务质量不高、环卫工作效率相对低下的痼疾，利于弥补和改变城市建设发展过程中的环卫服务短板，平衡经济发展与社会发展，强化市民环境意识，不断优化环卫工人社会保障，提高环卫产业福利总体水平和环卫工人的社会地位，同时改善人民生活环境，为民办实事，提升市民满意度，达到小投入，办大事的效果。

从政府管理视角看，提供环境卫生整体解决方案，整合了资源，简化了流程，引入了科学管理理念和先进专业技术，实现环卫服务"规模化、规范化、专业化、精细化"均衡发展，提高了效率，并提高了公共财政资金利用率，完善城市管理体系。整体解决方案所倡导的环卫一体化管理，能科学完善城市管理体系，提升城市品牌形象，利于招商引资。通过环卫市场化将作业区域、环卫资产、机构职能、付费机制等进行有效整合及重塑，同时完善城市环境卫生标准和绩效考核指标体系，将环卫市场化改革做稳做实，不断提升及完善城市管理体系，积极解决长期以来由政府包办、内部活力不足、职责不清、管理脱节、作业服务效益低、经费短缺、临时工待遇低、招工困难等问题。促使作业单位优化服务质量，创建优美整洁的现代化城市，从而提升城市品牌形象。

## 第三节　陕鼓动力：全方位探索装备制造的服务化转型

### 一、基本情况

西安陕鼓动力股份有限公司（上交所上市公司：601369，简称"陕鼓动力"）是陕西鼓风机（集团）有限公司的控股公司，成立于1999年6月，是以陕西鼓风机（集团）有限公司生产经营主体和精良资产为依托发起设立的股份公司。陕鼓动力是为石油、化工、冶金、空分、电力、城建、环保、制药和国防等国民经济支柱产业提供透平机械系统解决方案及系统服务的制造商、集成商和服务商。①

陕鼓动力形成了"能量转换设备制造、工业服务、能源基础设施运营"三大业务板块。其中，第一板块能量转换设备制造包括各类透平压缩机、鼓风机、通风机、工业能量回收透平、汽轮机、自动化仪表等，其中，轴流压缩机、工业流程能量回收发电设备均属高效节能环保产品，在国内市场上主要竞争对手是国际同行。轴流压缩机、工业流程能量回收发电设备产品曾荣获国家科学技术进步二等奖。第二板块工业服务包括投资业务、金融服务、能量转换设备全生命周期健康管理服务、EPC 等。第三板块能源基础设施运营包括分布式（可再生）能源智能一体化园区、水务一体化（污水处理）、热电联产、冷热电三联供、垃圾处理、生物质发电以及气体业务等。

## 二、主要做法

陕鼓动力在进行设备制造的过程中，积极探索，形成了不少典型的服务型制造模式。

第一，为客户提供工程成套服务。从 2002 年起，陕鼓就开始从事 EPC 服务，包括厂房建设、道路铺设、绿化设计方案等等，完成了由出售单一产品向出售解决方案转变。这在我国装备制造业尚未充分发展的历史阶段，是敢为人先、先破后立的尝试。陕鼓敢于尝试看似不密切相关的业务，是由于其意识到，大型设备的安装是一项复杂的工程。如果不把厂房基础设施、配套辅助设备搞好，设备投入使用可能面临较大的风险隐患。由陕鼓以高标准完成附属工程，能够确保项目不出差错，也增强了客户的信任。

第二，为客户企业提供设备远程诊断服务。2003 年，陕鼓与深圳市创为实技术发展有限公司、西安交通大学智能仪器与诊断研究所联合成立了陕鼓旋转机械远程在线监测与故障诊断中心。经过多年合作研究及项目实践，陕鼓对透平机组远程在线监测与故障诊断积累了相当丰富的经验。在此基础上，

---

① 陕鼓动力网站：http://www.shangu.com。

2014 年，西安陕鼓智能信息科技有限公司正式成立。这是一家专业的智能诊断公司。未来，陕鼓不仅可以对自身的产品进行监测，甚至还可以对同行业竞争对手的产品进行监测和诊断。远程监测平台还成为行业信息交流平台，企业间不仅可以谈技术，也可以开展不同行业间的交流，了解到各行业企业对运营效益、市场需求等方面的判断。

第三，为客户提供专业维修服务。从 2005 年起，陕鼓将部分设备的维修项目承包给北京中如技术有限公司。北京中如作为专业的维修公司，将陕鼓所需的中低端、日常化维修服务全面承揽。此后，陕鼓专注于高附加值维修服务，在工业成套设备的系统故障、疑难问题检修中，连年合同额破亿，成为主营业务之一。2013 年，陕鼓又在唐山设立维修服务中心，对京津冀地区的客户实行就近维修服务。

第四，为客户提供备品备件管理服务。子公司之一、西安陕鼓备件辅机制造公司专门为客户提供专业化零部件制造。由于零部件更换涉及的部件较为特殊，专用性强，必须有较强的服务保障能力。通过制造一批备件，统一存放，就能为所有客户免除后顾之忧。

### 三、主要成效

陕鼓动力在从单一产品制造商向系统解决方案商和系统服务商转变的过程中，已在分布式能源领域积累了相关技术和商务实力。2003 年以来，陕鼓先后在冶金、石化、空分、预热发电、水处理等领域承揽了超过 150 项工程，合同总额近百亿元，超过 90% 的项目都实现了节能减排的预期目标。在实施系统解决方案服务的战略后，陕鼓的合同额、利润增加了 3 倍以上。如果停留在单一销售装备的旧模式上，很可能不仅无法取得增长，还会被竞争对手压缩生存空间。

目前，陕鼓动力已通过国际化战略整合全球研发资源，构建了超临界混合工质布雷顿循环发电技术、有机工质朗肯循环 ORC 技术、一体化机技术、高参数中小汽轮机以及生物质能气化技术等前沿技术研发，以及商务、金融方案的核心能力。在分布式能源领域，陕鼓动力自主创新、研发的"冶金余热余压能量回收同轴机组应用技术"已入选国际能效合作伙伴关系组织

（IPEEC）国际"双十佳"最佳节能技术项目。

## 第四节　中铁二院勘察设计公司：
## 从勘察设计迈向工程总承包

### 一、基本情况

中国中铁二院工程集团有限责任公司（简称中国中铁二院），原名铁道第二勘察设计院（简称铁二院），成立于1952年，总部设在成都，隶属于世界500强企业中国中铁股份有限公司。中国中铁二院是国内最大型工程综合勘察设计企业之一，曾两次获得国家科技进步最高奖。

中铁二院成都勘察设计研究院有限责任公司（以下简称：公司）是中铁二院的全资子公司，是一家以铁路工程为主体业务的综合甲级勘察设计研究院，具有工程勘察专业类岩土工程甲级、工程勘察专业类（水文地质、工程测量）乙级，铁道行业铁路综合甲（Ⅱ）级、公路行业（公路）乙级、市政公用行业（桥、道路）甲级、建筑行业（建筑工程）乙级、地质灾害治理工程设计甲级与勘察甲级、工程咨询甲级、工程造价咨询甲级及对外经营权等资质证书。

公司现有员工近300人，其中拥有教授级高级职称3人，高级职称56人，中级职称82人。公司设有站场、线路、路基、轨道、行车、经济运量、岩土工程、桥梁、隧道、建筑、结构、给排水、采暖与通风、电力照明、铁道电气化、机务、车辆、机械、通信、信息、信号、工程地质、工程测量、环境工程、工程造价、计算机等二十余个专业。

公司主要承接国家干线铁路、地方铁路、铁路专用线等工程的勘察设计业务，承接公路、市政、工业与民用建筑等工程的勘察设计业务，承接工程地质灾害治理及工程造价咨询等业务，承接EPC工程总承包业务，承接咨询审核业务。公司致力于发展海外相关工程业务，目前参与了伊朗高铁、巴基斯坦既有线改造等项目。

## 二、主要做法

EPC（Engineering Procurement Construction）是指公司受业主委托，按照合同约定对工程建设项目的设计、采购、施工、试运行等实行全过程或若干阶段的承包。通常公司在总价合同条件下，对其所承包工程的质量、安全、费用和进度进行负责。

在 EPC 模式中，Engineering 不仅包括具体的设计工作，而且可能包括整个建设工程内容的总体策划以及整个建设工程实施组织管理的策划和具体工作；Procurement 也不是一般意义上的建筑设备材料采购，而更多的是指专业设备、材料的采购；Construction 应译为"建设"，其内容包括施工、安装、试车、技术培训等。

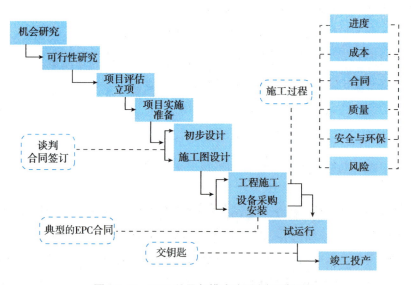

**图 14 - 5　EPC 总承包模式建设项目流程图**

重庆果园港埠有限公司铁路专用线 EPC 总承包工程是中铁二院的典型成功案例之一。果园港位于重庆市两江新区核心区域，是中国内河第一大港，也是长江上游航运中心建设的又一标志性工程，受到了党和国家领导人的高度重视。2012 年 12 月 25 日，公司以 EPC 总承包方式中标果园港埠有限公司铁路专用线工程。该工程接轨于渝怀铁路鱼嘴车站，终点为果园港区站。线路分左右两条线分别从鱼嘴站怀化端接出，左线线路长 5.217 千米，右线线路长 5.299 千米，总长为 10.516 千米。占地 500 余亩，站场装卸线 13 条（主要货物有散货、件货和集装箱等）。2013 年 5 月整体项目开工建设，在公司的支持下，项目部全体人员对项目实施精心组织、科学管理，攻坚克难、全力拼搏，克服多方困难，项目于 2015 年 6 月通过验收，7 月正式开通。其建设质量的优良和进度的快速多次受到了重庆市领导的表扬。2016 年 1 月 4 日，习近平主席到重庆果园港调研项目建设情况。2016 年 7 月 6 日，中央电视台新闻联播介绍了果园港建设情况。在果园港项目的建设过程中，公司作为总承包单位整体承担了果园港三大功能区之一、总投资 12.5 亿元的果园港埠有限公司铁路专用线工程的建设任务。

EPC 项目的资源投入包括项目人力、设备、材料、机具、技术、资金等资源的投入，其中部分既有自有的内部资源，也有通过采购或其他方式从社会和市场中获取的资源。EPC 总承包模式具有以下三个方面基本优势：（一）强调和充分发挥设计在整个工程建设过程中的主导作用。对设计在整个工程建设过程中的主导作用的强调和发挥，有利于工程项目建设整体方案的不断优化。（二）有效克服设计、采购、施工相互制约和相互脱节的矛盾，有利于设计、采购、施工各阶段工作的合理衔接，有效地实现建设项目的进度、成本和质量控制符合建设工程承包合同约定，确保获得较好的投资效益。（三）建设工程质量责任主体明确，有利于追究工程质量责任和确定工程质量责任的承担人。

## 三、示范意义

果园港埠有限公司铁路专用线项目开通对果园港具有重大意义，火车可直达果园港作业区，也将使果园港具备 650 万吨的铁水联运装卸能力，并通过渝新欧大通道，与欧洲各国进行快速、方便的货物交换运输，实现水运、公运和铁运"无缝对接"的立体物流模式，为果园港发挥"一带一路"和长江经济带战略物流战略支点作用提供有力支持。

# 第十五章　网络化协同制造

## 第一节　酷特股份：规模化定制的龙头企业

酷特集团原名红领集团，位于山东青岛市，是国家智能制造示范企业、两化融合示范企业、电子商务示范企业、全国工业质量标杆企业。酷特采用C2M大规模个性化定制模式，形成了数据驱动的产业链协同生产，为网络化协同制造探索了可落地的模板与路径。

### 一、基本情况

酷特企业集团始建于 1995 年，是青岛市一家以生产经营高档西服、裤子、衬衣、休闲服及服饰系列产品为主的大型民营企业。遵循"品质、诚信、服务、创新"的企业文化，将质量管理与提升品牌价值和核心竞争力有机结合，先后通过 ISO9001、ISO14001、OHSAS18001、标准化良好行为企业等资质认证。酷特集团将传统服装制作与现代信息技术有机融合，运用"大数据、云计算、新模式、智能化"打造了全球独一无二的服装个性化定制平台，真正实现了"个性化、差异化、国际化、数字化"服装全定制的工业化流水生产，并已成为全球第一家实现西装完全定制的公司。

自 2003 年开始，面对服装业产品同质化、廉价价格战等不良竞争环境，尝试探索"互联网 + 个性化定制"实践路径。经过多年努力，创立了 C2M[①]个性化定制模式，与普通定制相比，酷特企业的定制化具有高效精准、性价

---

① 即 Customer to Manufactory，消费者对工厂。

比最优、无须试衣、7 个工作日交付等优势。酷特企业以客户需求为中心进行组织建构，形成了用消费者需求驱动企业供给的零库存模式，具有明显的数据驱动的产业链协同生产特点，将传统的"同质化产品批量生产模式"转型为"个性化产品大规模定制模式"。

2016 年，公司日均设计款式超过 2000 种，日生产 1500—2000 套，成本仅为非定制服装的 1.1 倍。由于酷特没有库存，其整体成本事实上低于非定制服装，因此具有强大的市场竞争力。2015 年，酷特服装板块业务收入 37 亿元，其中互联网定制业务的收入和净利润同比增长 130% 以上，利润率 25% 以上，据国家统计局统计，2016 年全国限额以上企业服装类商品零售额同比仅增长 7%。①

## 二、主要做法

### （一）优化组织结构，创新管理战略

酷特整合并清除冗余部门，将部门构建为六大协同中心②，实行层级化和平台化管理，做到无障碍点对点。建立以客服中心为神经中枢的管理模式，客户的所有需求全部汇集至客服中心，客服中心点对点直接下达指令，调动公司所有资源进行满足。客服中心对外代表酷特集团、对内代表客户需求。酷特把客户需求与公司能力之"断裂墙"全部拆除。与以简化结构、以客服中心为中枢的管理结构相匹配的是建立以节点管理为核心的管理模式。所谓节点管理即点对点的高效率、扁平化管理模式，客户需求可以直接下达给节点员工而非部门主管，在酷特，所有工作都是点对点，管理者主要承担服务和支持工作。从战略架构上讲，酷特从大规模制造转型大规模定制、传统产品输出转型为平台和理念的输出；从组织架构上讲，对组织进行细胞化重塑，去除原来的部门、科层、审批和领导化，强组织、自组织。

酷特的互联网转型中，形成了支撑新业态和新模式的"源点论管理思想"。源点论就是指所有的行为以需求为源点，靠源点需求来驱动，整合和协

---

① 商务部：《2016 年中国零售行业发展报告》，2017 年，见 http：//www. sohu. com/a/155050733_465938。

② 即供应链中心、生产中心、客服中心、财务中心、信息中心、人力资源中心。

同价值链资源，最终满足源点需求。"源点论管理思想"的重要体现是全员面向"源点需求"。将原来的官僚制部门转变成为资源提供的平台，将组织进行细胞化重塑，打破原来的部门、科层，去领导化、强组织、自组织。平台上的每一个岗位就像是一个细胞，以提高客户最佳体验和满足客户需求为源点，并以利润最大化作为其绩效主要指标。岗位按需求聚合，随时可以按照消费者需求组成自己的聚合圈，聚合后的细胞同样也无须传统的科层或部门来管理，他们只需要对着源点做事，他们的绩效便是源点需求的满足情况。商业生态为每个细胞提供源源不断的养分，细胞来保证生态的活力与演化，这也是区别于传统组织管理模式的本质，对政府职能转变也具有启发意义。

### （二）叠加核心价值，强化数据观念

酷特秉持创新市场观，推动大规模个性化定制、C2M工商一体化商业生态、源点论的管理思想，酷特在不断叠加自己的核心价值。[①] "消费者需求"直接驱动制造企业有效供给的电商平台新业态，以满足消费者需求为中心的市场经营理念。个性化定制市场逻辑是，将制造商和顾客置于同一个平台，顾客提出个性化需求，驱动工厂根据需求生产相应的产品满足顾客需求。在快速收集顾客分散、个性化需求数据的同时，消除传统中间流通环节导致的信息不对称和种种代理成本。

酷特强化大数据意识，采取先销后产的零库存模式，充分发挥信息化技术的应用，推动C2M模式。在实际中，创造了一套大工业流水线规模化生产个性化定制产品的方法，并把这套方法做成了解决方案，进行编码化、程序化和一般化，包含C2M平台消费者端的个性化定制直销入口、大数据平台的数据模型和智能逻辑算法、制造端的工厂个性化定制柔性制造解决方案以及组织流程再造解决方案等基础源代码。

### （三）建构数据平台，以需求驱动供给

以数据为生产驱动，网络设计、下单，定制数据传输全部数字化。消费者定制需求通过C2M平台提交，系统自动生成订单信息，订单数据进入酷特

---

① 亿邦动力网：《青岛红领"改名"背后：如何升级个性化定制》，2017年3月23日，见 http://www.ebrun.com/20170323/223319.shtml。

自主研发的版型数据库、工艺数据库、款式数据库、原料数据库进行数据建模，突破了人工制作版型的瓶颈。C2M平台在生产节点进行任务分解，以指令推送的方式将订单信息转换成生产任务并分解推送给各工位。生产过程中，每一件定制产品都有其专属的电子芯片，并伴随生产的全流程。每一个工位都有专用终端设备，从互联网云端下载和读取电子芯片上的订单信息。通过智能物流系统等，解决整个制造流程的物料流转；通过智能取料系统、智能裁剪系统等，实现个性化产品的大流水线生产。基于物联网技术，多个信息系统的数据得到共享和传输，打通了信息孤岛，打破了企业边界，多个生产单元和上下游企业通过信息系统传递和共享数据，实现整个产业链的协同生产。这种数据导向协同生产环节具有显著优势：第一，3D网络下单系统、客户亲身体验、自主个性化设计。随时随地通过网络简单、方便的自主研发、个性设计、快捷下单；客户尺寸自动生成个性化版型，无须人工打版；3D建模系统可将客户需求转换成个性款式。第二，5分钟量体，精准的量体方法，精准、高效，一次成衣46个小时量体技能培训，快速、容易掌握"量不错的方法"；5分钟时间，采集19个数据；数据实时录入，简单、便捷完成整个下单全部工作。

C2M平台是用户的线上入口，也是大数据平台，支持多品类多品种的产品在线定制。消费者通过电脑、手机等信息终端登录，在线自主选择产品的款式、工艺、原材料，在线支付后生成订单，实现从产品定制、交易、支付、设计、制作工艺、生产流程、后处理到物流配送、售后服务全过程的数据化驱动和网络化运作。顾客下单后，工厂才进行生产，没有资金和货品积压，运营简单，实现了"按需生产、零库存"，可以最大限度地让利给消费者，而消费者也无须再分摊企业成本。定制生产在成本上只比批量制造高10%，但收益却能达到两倍以上。

目前通过C2M平台可定制产品的品类覆盖三岁以上男士、女士正装全系列产品，包括西服、西裤、马甲、大衣、风衣、礼服、衬衣等，款式消费者可以自主设计，三万多种面料和辅料可以选择。C2M具有很大的拓展性，属于"跨界别、多品类、多品种、企业级"的跨境电商定制直销平台，即除服装外，其他类别的产品也可以实现在线定制。全球客户在C2M平台上提出定制产品需求，平台将零散的需求进行分类整合，分别连接平台上运作的若干工厂，完成定制产品的大规模生产和配送，凝聚出制造和服务一体化，跨行业、跨界别的庞大产业体系，产生非常价值。酷特建立服装版型、款式、工艺、BOM 四大数据库，量级高达数百万万亿级。通过这样一些模块的组合，消费者可以自主 DIY，达成其个性化需求。酷特还推出了 SDE 工程（源点论数据工程，Source Data Engineering），为传统制造企业升级改造提供"互联网＋工业"的解决方案，进行智能化、柔性化和个性化定制改造，打造数据驱动的智能工厂。截至 2016 年底，酷特已经与包括服装、鞋帽、电子产品、摩托车、自行车、化妆品等领域的数十家家企业签订合作协议。

### 三、主要成效

酷特在服装定制领域的成功实践，彻底改变了传统的运营模式，形成了工业企业发展的新业态和新模式，是互联网与工业深度融合的企业运行新范式。

#### （一）降低综合成本，提高长期效益

传统服装企业一般采取"企业—中间商—零售终端—消费者"的销售模式，一方面，各环节的成本增加了产品的最终价格，另一方面，生产企业难以及时获取消费者多样的需求信息。酷特利用互联网技术，最大化消除中间销售环节，实现了消费者与企业的直接连接。酷特根据订单进行生产，大大降低了资金和货物积压，实现了"按需生产、零库存"，定制生产的成本只比批量制造高一成，但收益却能达到两倍以上。目前已经有牛仔服装、帽子、鞋、家居、家具、铸造、电器等行业的 40 余家试点企业和酷特签约，应用酷特的生产模式实现升级改造。

#### （二）用数据化渠道实现个性化定制

酷特通过信息化对生产流程进行再造，提高了大规模定制生产的效率。消费者在线自主选择服装的面料、款式、制作工艺等，企业实时接收订单，信息进入自主研发的数据库进行数据建模，自动转化为生产数据。C2M 平台再进行任务分解，以指令推送的方式将任务推向各工位。生产过程中，每件产品都有单独的伴随生产全流程的电子标签，每个工位都有酷特自主开发的终端设备，从互联网云端下载并读取电子标签上的订单信息。这一模式既能

满足服装个性化定制的需求，又能实现大规模工业化生产，提高效率，降低成本。

**（三）依靠数据驱动实现产业链的协同生产**

酷特注重多源数据的整合与开发。首先建立数据库，进行可用数据的采集，酷特已经积累了超过 200 万名顾客个性化定制的数据，包括版型、款式、工艺和设计数据等。然后进行数据建模，通过独创的"三点一线"量体法，采集到消费者身体的 18 个部位、22 个数据，在系统上建立数据模型，进行计算机 3D 打版，实现"一人一版，一衣一款"。最后建立算法，对顾客没有清晰描述的需求，系统都会通过算法进行最佳匹配，同时计算出最佳的成衣生产流程。

酷特自主研发产品实现全流程的信息化、智能化，把互联网、物联网等信息技术融入到大批量生产中，在一条流水线上制造出灵活多变的个性化产品。用工业化的效率和成本进行个性化产品的大规模定制。酷特系统中包含 20 余个子系统，全部以数据驱动运营，系统自动排单、自动裁剪、自动计算、整合版型，一组客户量体数据完成定制、服务全过程，无须人工转换、纸制传递、数据完全打通、实时共享传输。形成了需求数据采集、将需求转变成生产数据、智能研发和设计、智能化计划排产、智能化自动排版、数据驱动的价值链协同、数据驱动的生产执行、数据驱动的质保体系、数据驱动的物流配送、数据驱动的客服体系及完全数字化客服运营体系。酷特目前形成具有千万级服装版型数据，数万种设计元素点，能满足超过百万万亿种设计组合。用户体型数据的输入，驱动系统内近万个数据的同步变化，能够满足驼背、凸肚、坠臀等百余种特殊体型特征的定制，覆盖用户个性化设计需求。

## 四、示范价值

**（一）酷特模式的示范启示**

第一，"互联网＋"是实现传统制造业产业升级的有效路径。当前，制造业民营企业的基础仍很薄弱，工业化水平也不均衡，绝大部分企业仍处于半机械化时代，即工业 1.0 至 2.0 之间，部分企业处在工业 2.0 阶段，少数企业实现了工业 3.0 及以上。要实现《中国制造 2025》的目标还有很长的路要走，要补足机械化和自动化的功课。很多制造业民营企业，特别是中小企业感到差距很大，找不到切入点。但酷特用实践证明，在工业1.0甚至2.0的状态下，企业不需要大量引进高端自动化设备和大规模裁员，在现有的生产装备水平上嫁接互联网，改造生产和经营模式，同样能实现传统产业的弯道超车、跨越式发展，数据驱动的智能工厂和产业链协同。

第二，围绕新需求创造新供给是网络化协同制造的着力点。随着消费水平和消费观念的升级，越来越多的消费者不再满足于工业化规格式生产，个性化需求增强，传统的产品开发和生产模式已无法适应。当前，移动互联网、云计算、大数据等新技术的应用，个性化定制、柔性化生产的发展，为制造业企业创造新供给、满足新需求提供了解决方案，是从生产端入手推进供给侧结构性改革的要义所在。酷特遵循消费者导向，基于互联网的大规模个性化定制生产模式，变标准化制造为个性化定制，极大增加了服装产品的附加值，使处于价值链底层的制造企业走向了高端环节。

第三，酷特模式可供传统制造业企业借鉴。目前，传统制造业企业面临严峻形势，高库存、高成本、同质化、中间商加价等因素制约着企业发展。很多企业对转型升级的重要性都有一定认识，但存在方向迷茫、路径依赖等现象，习惯于生搬硬套成功路径，遇到困难和障碍便缺乏定力。酷特改革创新，是传统制造业企业＋互联网的有益尝试，实现了零库存、高利润、低成本、高周转。酷特把在服装定制领域的成功经验进行编码化、程序化，形成了标准化的解决方案，即传统工业转型升级的方法论，可以在其他行业进行转化应用。同时为需求企业提供软件定制开发、生产流程再造、管理咨询等服务，把酷特大规模定制的基因植入到传统型企业，可以帮助他们实现不同程度的转型升级。SDE适用于我国劳动力密集等基本国情，特别是中小企业，通过不同程度的投入，三个月及以上不等时间的升级改造，将实现效率提升30%以上，成本下降20%以上，实现"零库存、高利润、低成本、高周转"的运营能力。酷特的解决方案按照规范化的管理思路和标准化的运营体系设计，方法是共通的，可以在其他行业进行转化应用。这种模式对传统劳动密集型产业特别是服装、鞋帽、家居、电器等消费类行业稳步转型，具有一定借鉴作用。

**（二）酷特模式的社会价值**

酷特大规模个性化定制构建了需求直接驱动全流程的全新价值链，依照客户需求进行定制生产，充分释放员工生产力，生产效率提升 30% 以上，生产成本平均下降至少 30%，缩短了交货期，直接取消了中间商的加价，企业的利润空间是传统模式的 3—4 倍，远高于 OEM、ODM 等代加工低利润模式。在成本下降的基础上，企业可以让利给消费者，定制产品的价格比传统模式的成衣价格还要低 20% 以上，让高大上的奢侈定制变为更多人可以享受的最优性价比的定制，实现了定制需求驱动的零库存。

传统模式下，定制成本居高不下，质量无法保证，交期在 1 个月以上，实现不了量产，价格昂贵。酷特通过互联网将消费者和生产者、设计者等直接连通，个性化定制的服装 1 件起定制，传统服装定制生产周期为 20—50 个工作日，酷特已缩短至 7 个工作日内。实现了量产：目前酷特单个生产单元年生产 150 万套件定制服装；性价比最优：过去只有少数人穿得起的"高大上"的贵族定制，通过酷特模式变成了老百姓也买得起的大众定制。

酷特的协同生产模式，得到国家领导人和政府部门的认可。2015 年，国务院《关于信息化建设及推动信息化和工业化深度融合发展工作情况的报告》中，对公司的新业态、新模式予以肯定。2016 年全国外贸工作电视电话会议上，酷特企业向国务院副总理汪洋等中央领导汇报了创新实践。2016 年 5 月，国务院副总理马凯莅临酷特考察指导，对酷特模式予以充分认可。工信部、质检总局、海关总署等领导莅临考察。

# 第二节　阿里巴巴——协同理念深度运用的企业典范

阿里巴巴秉承"科技与商业双生态驱动"发展理念，坚持"全球化、数据化"等协同理念，借助"云、网、端、金融、物流"等手段，推动"互联网＋"与流通、外贸、金融、制造、文化娱乐等产业，加速与互联网融合，打造开放、透明、协同的商业平台，组建一个多模式的"互联网＋"协同制造服务生态体系。

## 一、基本情况

1999 年成立之初，阿里巴巴秉持其"让天下没有难做的生意"的使命，帮助小企业成长和发展。2003 年成立淘宝网，阿里巴巴初步完成"网上经济体"的生态建设，在电商、网络支付、智能物流、云计算等商业基础设施建设方面取得突出业绩。2016 年 3 月，阿里巴巴集团 2016 财年零售交易额突破 3 万亿元。2016 年 4 月，阿里巴巴正式宣布已经成为全球最大的零售交易平台。2016 年财年，阿里巴巴集团旗下各业务平台支持超过 1000 万人创业，包括为数百万大学生和年轻人提供创业机会，并且通过上下游产业联动，显著促进了物流、营销、运营、信息技术、客户服务等电子商务服务业发展，为超过 4 亿消费者提供电子商务、电商物流、互联网金融、云计算、大数据等差异化服务。

## 二、主要做法

### （一）完善设施平台，推动数据应用

第一，电子商务平台。完善电子商务平台服务，通过重塑供应链、消费者营销、企业信息化、组织架构等四大方面，提升对流通领域创新创业者的服务；深化运用商家、消费者、商品大数据，服务创新创业者，帮助客户实现互联网化。

第二，物流服务平台。通过自建、共建、合作、改造等多种模式，在全国范围内形成一套开放的社会化共享的网络：快递网络；全国的分仓网络；搭跨境、农村及城市末端的三张新型网络。2016 年，菜鸟网络与合作伙伴的物流线路现已覆盖到全球 224 个国家和地区，以及国内 2800 个县区。全国逾 70％的快递包裹都在菜鸟数据渠道工作。

第三，云计算大数据服务应用。阿里云将把电子商务、物流、金融等领域积累的技术能力集聚起来，打造数据网络，帮助中小企业创新创业，为全球开发者创新创业提供服务。打造统一的、可变现的内容分发平台，培育全方位的数字娱乐创新创业服务体系，帮助更多内容创新创业者实现生存发展。

### （二）挖掘人力资源，布局全球市场

阿里巴巴的全球化业务专注在帮助中小企业迈出自己的国境，让中小企业能使用好电子商务、互联网金融、大数据、营销以及物流平台，实现小企业、消费者的"买全球、卖全球"。目前，阿里巴巴跨境进出口业务覆盖全球包括美国、俄罗斯以及"一带一路"沿线国家和地区等224个国家。一达通业务量同比增长250%，服务企业近7万家，一般贸易出口额达80亿美元，约占全国一般贸易出口的1%。推出"百城千校、百万英才"项目，三年内与全国千所高校签约，培养百万外贸电商人才，目前已经与328家全国高等院校进行合作。菜鸟网络与四大国际快件公司、海外仓内运营商、重点出口国的海关建立合作，打通全球仓、干、配和通关节点，实现了进出口全链路可视、可控，推进了进口模式创新和海淘阳光化。

## 三、主要成效

### （一）网络化制造，打造中国版"工业4.0"

多品种、小批量、快翻新正逐步成为电商制造商的主流。"淘工厂"项目搭建了电商卖家与优质工厂的桥梁，帮助工厂实现电商化转型，其实质是把服装工厂的生产线、产能、档期搬到互联网上，打包作为一种服务出售。入驻的代工厂为淘宝卖家免费打样、提供报价、提供档期，并且接受三十件起订、一周内生产、信用凭证担保交易等协定。目前，"淘工厂"已超过万余家服装工厂入驻，包括富春江织集团等国际品牌代工厂等。

### （二）信息化物流，打造社会化物流体系

2010年4月，阿里开始搭建物流平台，2013年5月成立菜鸟网络。菜鸟通过大数据预测、智能分仓技术改变现有物流模式，做到货"不动"数据"动"，是国内首个实践"互联网＋"物流的平台，着力打造三网（天网、地网、人网）合一的"中国智能骨干网络"。通过自建、共建、合作、改造等多种模式，在全国范围内形成一套开放的社会化仓储设施网络。运用大数据、云计算、物联网、供应链管理技术优化快递物流资源配置（简称"天网"），在全国投资建设世界一流的智能仓储设施网络（简称"地网"），形成覆盖全

国乃至海外主要消费地的末端配送网络（简称"人网"）。目前，阿里已与国内主流快递公司全部建立战略合作关系，与近四千家国内外企业实现信息系统对接。

**（三）智能化零售，助力普通百姓网上经商**

据 2016 年阿里巴巴集团"新起点、新生态"大会公布的数据，阿里零售生态为全社会创造超过 1500 万直接就业机会，农村淘宝入驻国家级贫困县 62 个，入驻国家级贫困村 1977 个，开通"中国制造"已接收 135 个重点产业带（《全国社会化电商物流从业人员研究报告》）。智能化零售，一是降低创业启动门槛。从启动资金看，在天猫平台创业店铺平均启动资金 20 余万元，远低于工商新注册企业实体 539 万元的平均注册资本。① 二是营造创业生态环境。近年来，集团约半数的员工，以及关联公司蚂蚁金服和菜鸟物流努力从事物流、互联网金融、大数据云计算、移动互联网、广告平台等业务，致力于打造中国未来商业的基础设施。

# 第三节　长兴重工——互联网模式下的协同制造开拓者

## 一、基本概况

上海江南长兴重工有限责任公司是中船长兴造船基地的重要组成之一，拥有大型干船坞两座，以及钢材预处理流水线、部件和分段制作、舾装和集配、船舶涂装等一系列完整的现代化先进造船设施和设备。作为中国船舶工业集团公司的骨干船厂，在各类大型商船（尤其是超大型集装箱船及超大型液化石油气船）设计建造领域形成企业独有的核心建造技术和工艺能力。公司主要经营钢结构、港口机械、机械电子设备、船舶、船用设备、石油化工

---

① 李姗、张露：《阿里入选国家双创示范基地前已在江苏布局》，2016 年 8 月 11 日，见 http：//www. dianshangjie. com/neiye－5797. html。

设备的销售、设计、制造、修理及以上自有设备的租赁，船舶、海洋工程项目的投资，从事货物及技术的进出口业务，造船和钢结构专业领域内的技术开发、技术转让、技术服务、技术咨询等，主要产品包括大型和超大型集装箱船、液化天然气运输船和大型散货船，兼顾大型海洋工程设施、施工船等。

## 二、主要做法

### （一）建设协同平台，实现订单生产的上下游企业响应

长兴重工将以船舶结构件智能生产为核心，打造产业链协同网络平台，实现面向上下游企业的供需对接，实现面向生产规划的智能诊断与分析，实现大数据环境下的复杂结构件加工参数优化。通过船舶结构件协同制造的混合型工业互联网的建立，在国内率先开展船舶智能制造关键技术研究和应用攻关，推动智能化、数字化造船。

长兴重工有机整合从船舶用钢板生产的订单计划、生产节奏、质量检测到出厂供货的全流程与结构件产品需求，建设上下游企业协同生产平台，实现从船舶部件产品与原材料间的无缝对接，形成以产品原材料生产供应、部件制造及其下游大部段搭载为一体的企业间协同。

### （二）打造制造生产线，实现加工的智能优化

长兴重工依托船舶结构件生产加工过程智能诊断与优化系统开发，建立了包括船舶结构件加工设备互联互通体系、基于 OPC UA 的设备集成与互联互通、MES – OPC UA 垂直集成、ERP/PLM – MES 垂直集成、船舶结构件现场 SCADA 系统、船舶结构件制造现场数据与管理系统集成的三层次互联互通体系和系统集成平台，实现加工过程的智能诊断、优化与反馈控制，推动大数据环境下的造船制造业信息化与智能化技术水平。

### （三）建设网络集成平台，推动制造的数字化转型

建设"船舶总段离散制造—结构件部件离散制造—船用板材连续制造"混合型工业互联网平台，实现智能化管控等关键共性技术研究、采集分析、决策及反馈执行的闭环管控机制，开发上下游企业间及企业内的制造执行管控集成系统并示范应用，实现车间库存削减约超过30％，停工待料时间缩短

三成，分段无余量制造率90%以上、报验差错率低于0.5%。

长兴重工以"协同制造"为导向，以船舶结构件生产为中心环节，整合并协同所涉及的上下游企业，攻关一批具有自主知识产权的关键智能制造技术，实现融合连续性生产和离散性制造的混合制造模式下的工业互联网集成，打造工业互联网制造新模式，并以21000TEU高技术、高性能新船舶为应用对象，率先展开试点示范，引领船舶行业转型升级。

### 三、示范价值

长兴重工紧密把握工业互联网思维，在实践中将互联网意识作为科技革命和产业变革的核心指导内容，并将其贯穿工业生产的全生命周期，从产品的设计、研发、生产制造、营销到服务构成闭环，彻底改变传统船舶行业的生产模式，促使企业由制造型向服务型转变。实践表明，企业只有依赖明确的目标和注重实效的工作才能取得协同效益。长兴重工巧妙地应用网络化协同制造原理和机制，不仅降低企业自身的经济成本，提升了行业竞争力，扩大了市场空间，而且赢得了更大经济效益和社会效益，更重要的是，这种协同理念被越来越多的同行所吸收与引进，推动了中国船舶行业国际竞争力的整体提升。

通过长兴重工的协同制造实践，可以判断为了产生动态协同效应，企业应该转变传统封闭式生产思想，强化互联网思维，增加企业协同以及与外部环境的协同能力。同时，加大协同平台相关投入，如切实增加相关资金投入和人才制度安排，并将人才战略放在企业优先发展要务中。除了自身硬件设施升级改造，更要深化改革，加强产业链中上下游企业的合作和协同力度，树立产业共同体意识，尽量挖掘创造隐形资产，带着动态协同的意识去设计战略，并尽最大努力去发展隐形资产，只有这样企业才能做大做实做强，推动企业可持续良性运行和长久发展，进而推动中国实体经济走向开放、协同、共赢，创造中国良性产业生态系统，营造中国新经济格局。

## 第四节　上海电气——协同制造与服务融合的企业标杆

### 一、基本概况

上海电气是中国最大的能源装备和工业装备制造企业集团之一，建有新中国第一个动力制造基地。其主要的业务板块分为高效清洁能源装备、新能源及环保装备、工业装备和现代服务业四大板块，核心产品包括：火力发电机组、核电机组、燃气轮机、风力发电设备、输配电设备、大型铸锻件、环保设备、自动化设备、电梯、制冷压缩机、机械基础件、机床等。2015 年企业营业收入 965 亿元，净利润 44 亿元，从业人员 5.25 万人。

上海电气拥有 10 平方公里的重装备制造基地，配有 1400 吨桥式起重机，8 米框架移动式的加工中心，以及能加工直径 22 米、高度达 12.5 米的立式加工中心，完全具备了加工目前世界上最大的船用柴油机和核电产品的极端重型装备能力。这些重型机械装备世界少有，国内独有。基地配套有 5000 吨级重件码头、贯穿厂区的铁路线连通浦东铁路网、11 万伏变电站、超大型露天总装场地、新型超大型国际一流的联合厂房，以及统一规划的物流、生产、生活等服务设施，具备拥有国际竞争力的一流产业基地。上海电气拥有经中国人民银行批准，为集团成员单位提供财务管理服务的非银行金融机构——上海电气集团财务有限责任公司，整体实力已跻身中国财务公司行业十强。

### 二、主要做法

#### （一）转变理念，推动"单一制造"向"制造＋服务"模式转型

在互联网技术和大数据服务日新月异的背景下，上海电气推出针对火电厂的远程监控与故障诊断系统，针对于风场的风电风云系统，服务于电厂设备和风机设备的安全运行和维护，开启新技术革命时代电站服务的新模式。与传统的现场诊断相比，远程诊断具有三大优势：一是消除专家到达现场的

地域差和时间差。二是利用网络优势，实现专家汇聚，共同会诊。三是具备强大的数据库，随时调用。从安全性、可靠性和经济性上提出解决方案，为电厂业主的机组保驾护航。

上海电气旗下的上海三菱电梯有限公司的"智慧电梯"可以监测数十个状态参量。一旦某台电梯有事，远程中心的"地图"大屏即有显示，第一时间完成故障远程诊断，让维修人员足不出户也能快速了解电梯"病情"，现场维修"对症下药"。除了快速发现故障，它能向服务中心实时传输电梯运行状况，包括电梯开关门次数、钢丝升降次数等电梯日常健康指标。通过"大数据"分析，帮助技术人员充分了解这部电梯健康趋势、零部件耗损情况等等。

### （二）技术创新，推进智能化发展

技术创新是上海电气发展的原动力。从 2012 年起，制订十五年科技规划，完善集团中央研究院、产业集团技术中心、企业技术部的三层科技创新体系，确定科技创新的四大领域 18 个重点方向。在科技战略引领下，集团科技投入逐年向科技规划的重点领域集中。2014—2016 年，集团科技投入率一直保持在销售额的约 4%；科技集中度逐年提高。2016 年，90% 以上的科技投入集中在科技规划的四大领域 18 个重点方向上。

科技创新成为上海电气持续发展和产业转型的主要推力之一。"十二五"期间上海电气承担和参与国家和上海市政府的重大重点科技攻关项目几十余项，例如在高效清洁发电领域百万千瓦超超临界二次再热高效燃煤发电项目列入了国家科技部支撑计划；在智能制造领域压缩机和发电装备的智能制造列入了国家工信部智能制造试点示范项目等。

## 三、主要成效

在 60 多年的发展历程中，上海电气创造诸多国内和世界第一：新中国第一台 6 千瓦汽轮发电机组；世界上第一台 12000 千瓦双水内冷；中国第一台万吨水压机；第一台百万千瓦级超临界和超超临界发电机组……在国际和国内多个机械工业企业排名中名列前茅，比如 2015 年中国机械工业 100 强企业排名前三位；2015 年世界品牌实验室亚洲机械类品牌排名第四名；2015 年ENR 全球最大 250 家国际承包商排名电力行业第 9 名；品牌价值达到 512.93

亿元，中国最具价值品牌第 44 位。

截至 2015 年底，海立（下属企业）已拥有各类工业机器人 480 台，替代一线作业岗位 357 个，相当于 999 名一线作业员工。其中上海工厂的工业机器人密度达到 461 台/万名产业工人，处于世界领先水平。压缩机钣金车间实现无人化生产，机加工、电机、装配车间形成全部或局部数字化工厂，建成离散型制造生产线的机器人连线工程。通过智能制造项目实施，相比 2011 年，拓展了个性化产品类别，提高产品定制生成速度，新产品研制周期缩短 28%，定制周期缩短到 10 天，产品类别增加 50%；实现数据源头统一化，提高跨系统数据一致性，提高协同效率。生产效率提高 44%，运营成本降低 21%，产品不良率降低 33%，能源利用率提高 15%。

上海三菱电梯通过提高自产电梯的维保率、对电梯运行状态安全监控的联网系统研制和应用、远程监控和诊断中心的投运等手段，极大提高了公司制造服务业的收入和利润，目前在网电梯近五万台。2015 年，上海三菱电梯主营业务收入约 174 亿元，其中电梯、安装维保等业务的收入为 41 亿元，占比 23.5%，后续服务带来的营业利润占总利润的四成以上。

# 第五节　上海明匠——智能制造示范企业

## 一、基本概况

上海明匠智能系统有限公司成立于 2010 年，是黄河旋风全资子公司，注册资金 5000 万，目前在职员工人数 1500 余人。企业在全国布局多个区域公司以及工厂，是国内唯一拥有自主化、定制化"智能工厂"系统的单位，被工业和信息化部认定为 2016 年智能制造综合标准化与新模式应用示范单位。公司拥有先进的研发中心和全面执行解决方案专业团队，拥有发明、实用新型、软件著作权专利等 120 余项。拥有非标设备设计制造经验，丰富的智能工厂、智能产线与物流系统项目经验，涵盖产品全周期的数字化、智能化制造，拥有工厂级设备监控、分析、可视化远程推送等多种前沿技术。可按照客户需求和生产需要，打造完全自主可控和定制化的智能工厂。公司核心产品与服务有：工业4.0智能工厂系统，如SCADA数据采控系统、制造执行系统、智能手机APP工业应用等；工业云计算与大数据挖掘系统，如离散制造领域、流程式制造领域等。

## 二、主要做法

### （一）投入技术，重视关键技术装备的更新

针对实施智能制造所需的关键技术装备受制于人的瓶颈，加快研制一批自主化的关键技术装备。例如，明匠智能一体机作为明匠智能板卡上位机，以及外接设备输入、输出，现场可以人机操作界面简单，接口丰富，支持RS232、485、422、TCP/IP协议，现场自动打印，识别功能。通过与企业内部ERP系统对接，安排任务下发到工厂设备，生产计划排程，现场生产工艺远程设置，现场作业指导远程设置，实现柔性话生产线，无须会设备操作，只需在MES系统设置工业参数，通过明匠智能板卡推送到现场设备，自动完成设置。

### （二）增加投入，推崇人才创新的企业文化

上海明匠重视资本投入，重视人力软实力与硬件硬实力建设。第一，不断健全人才保障制度。鼓励企业员工发明，并对发明团体与个体进行综合性奖励，形成创新性企业文化氛围。第二，布局智能制造研发与转化功能型平台建设，对标国际先进公司，通过组建平台公司作为运作实体，开展智能制造关键共性技术和装备研发、标准建设以及技术成果转化，建设智能制造协同创新平台。

## 三、主要成效

上海明匠发明的智能网关"牛顿1.0"操作系统，实现从物料添加、成品加工、组装，到最后成为成品全过程的智能化无人操控。该系统是基于ARM处理器和嵌入式实时操作系统的智能采集平台，支持西门子、三菱、台达等数10种PLC的采集，以及三菱、西门子840D等主流数控系统的数据采

集，该平台的投入使用将工业 4.0 项目的实施难度降低 60%，维护成本降低 90%，用户只需简单配置即可按照自己意愿去采集想要的数据，通过智能执行制造系统算法处理，反作用于生产线，即可实现工业智能化生产。这一协同系统已经普遍应用在中建钢构、宝钢等央企，以及美的、美菱、骆驼等上市公司。

上海明匠开发的全国首条无人操控的柔性 H 型钢焊接生产线，通过工业互联网，打通产业上下游，实现整体横向集成，实现工业 4.0 和智能制造。该条生产线能助力生产效率提高 20% 以上，运营成本降低 20%，产品研制周期缩短 30%，产品不良品率降低 30%，能源利用率提高 10%①。

---

① 宋薇萍：《明匠智能全国首发新生产线助钢构企业效率提高 20% 以上》，2015 年 11 月 3 日，见 http://news.cnstock.com/industry，rdjj - 201511 - 3610471.htm。

# 后 记

2017 年是全面建成小康社会决胜阶段、中国特色社会主义进入新时代的关键之年，也是制造业从数量的扩张向质量提升的战略性转变，推进供给侧结构性改革的攻坚之年，我国服务型制造发展取得积极成果。《2016—2017 年中国服务型制造发展蓝皮书》是工信部赛迪智库产业政策研究所编著的《工业和信息化发展系列蓝皮书》的一本，对 2016 年我国服务型制造相关政策和进展情况进行了分析总结，对未来发展趋势进行了展望。

本书由王鹏担任主编，郑长征担任副主编。全书具体撰写人员及分工如下：第一章由何继伟撰写；第二章由杨帅撰写；第三、十一章由张学俊撰写；第四、十二章由田帅撰写；第五、十三章由韩娜撰写；第六、十四章由李扬帆撰写；第七、十五章由张亚鹏撰写；第八章由王兴杰撰写；第九章由张希撰写；第十章由郧彦辉撰写。在本书编写过程中，得到了工业和信息化部相关领导、行业协会以及企业专家的大力支持、指导和帮助，在此一并致以最诚挚的谢意！

2017 年是我国全面深化改革的关键之年。我们将把改革、创新、开放、融合的战略思维贯穿于产业经济研究之中，更加积极地关注和思考新形势、新情况、新问题，为我国的产业结构优化升级、提升我国产业竞争力提供有力的决策支撑！

# 思想，还是思想
## 才 使 我 们 与 众 不 同

编 辑 部：赛迪工业和信息化研究院

通讯地址：北京市海淀区万寿路27号院8号楼12层

邮政编码：100846

联 系 人：刘 颖　董 凯

联系电话：010-68200552 13701304215

　　　　　010-68207922 13910685050

传　　真：0086-10-68209616

网　　址：www.ccidwise.com

电子邮件：liuying@ccidthinktank.com

**研究，还是研究**
**才使我们见微知著**

| | | |
|---|---|---|
| 信息化研究中心 | 工业化研究中心 | 规划研究所 |
| 电子信息产业研究所 | 工业经济研究所 | 产业政策研究所 |
| 软件产业研究所 | 工业科技研究所 | 军民结合研究所 |
| 网络空间研究所 | 装备工业研究所 | 中小企业研究所 |
| 无线电管理研究所 | 消费品工业研究所 | 政策法规研究所 |
| 互联网研究所 | 原材料工业研究所 | 世界工业研究所 |
| 集成电路研究所 | 工业节能与环保研究所 | 安全产业研究所 |

编 辑 部：赛迪工业和信息化研究院
通讯地址：北京市海淀区万寿路27号院8号楼12层
邮政编码：100846
联 系 人：刘颖 董凯
联系电话：010-68200552 13701304215
　　　　　010-68207922 13910685050
传　　真：0086-10-68209616
网　　址：www.ccidwise.com
电子邮件：liuying@ccidthinktank.com